Lothar Schmidt-Atzert

Emotionspsychologie

W0070391

Verlag W. Kohlhammer
Stuttgart Berlin Köln Mainz

CIP-Kurztitelaufnahme der Deutschen Bibliothek

Schmidt-Atzert, Lothar
Emotionspsychologie / Lothar Schmidt-Atzert. –
Stuttgart; Berlin; Köln; Mainz: Kohlhammer 1981.
  (Kohlhammer-Studienbücher: Psychologie)
  ISBN 3-17-007295-1

© 1981 Verlag W. Kohlhammer GmbH
Stuttgart Berlin Köln Mainz
Verlagsort: Stuttgart
Umschlag: hace
Gesamtherstellung:
W. Kohlhammer Druckerei GmbH + Co. Stuttgart
Printed in Germany

Inhalt

Vorwort

Das Thema »Emotionen« ist sicherlich eines der interessantesten der Psychologie. Es ist zugleich auch für viele psychologische und nichtpsychologische Bereiche relevant. Dennoch wurde es bisher (zumindest in der deutschsprachigen Literatur) stark vernachlässigt. Mit dem vorliegenden Buch möchte ich einen Beitrag dazu leisten, die Emotionspsychologie Psychologiestudenten, interessierten Nichtpsychologen, aber auch ausgebildeten Psychologen (wieder) näher zu bringen. Ich habe mich bemüht, eine verständliche und zugleich inhaltlich anspruchsvolle Übersicht zu schreiben, von der ich hoffe, daß sie auch vor dem Urteil der Experten besteht. Von fremdsprachigen Zitaten habe ich abgesehen und diese ins Deutsche übersetzt. Fachausdrücke lassen sich leider nicht immer vermeiden; Psychologie-Anfänger und Nichtpsychologen werden daher manchmal ein Fachwörterbuch verwenden müssen.

Aufbau und Inhalt einer wissenschaftlichen Abhandlung werden nicht nur von sachlichen Notwendigkeiten diktiert, sondern werden auch durch den eigenen Standpunkt beeinflußt. Daher möchte ich meine eigene Position nicht verschweigen. In den mehr als vier Jahren, in denen ich mich intensiv mit der Emotionspsychologie beschäftigt habe, hat sich bei mir eine kritische Einstellung zu komplizierten Theorien und Annahmen über das »Wesen« der Emotionen entwickelt. Ich plädiere eher für eine Rückbesinnung auf grundlegende Fragen und eine kritische Bewertung von Theorien und Experimenten. Hundert Jahre Emotionsforschung haben gezeigt, daß wir uns mit voreiligen Schlußfolgerungen und allzu spekulativen Theorien Zeit lassen sollten.

Meinen Kollegen J. Asendorf, K. Fiedler, R. Haubl, H.-W. Ophoff, H. G. Wallbott und P. Walschburger danke ich für wertvolle Anregungen. Dank gebührt auch meiner Frau für ihre vielfältige Unterstützung bei der Fertigstellung dieses Buches sowie Frau H. Volk für die sorgfältige Erledigung der Schreibarbeiten.

Einige in diesem Buch vertretene Auffassungen können sicherlich kontrovers diskutiert werden; über kritische Rückmeldungen würde ich mich freuen.

Gießen, im April 1981   *Lothar Schmidt-Atzert*

1. Einleitung

Im Jahre 1954 begann Schlosberg einen Artikel in einer renommierten Fachzeitschrift mit den Worten: »Sie alle mußten sich mit den Problemen auf dem allgemeinen Gebiet der Emotionen auseinandersetzen, sei es aus theoretischem oder praktischem Interesse. Ich glaube, sie werden zustimmen, daß das Gebiet chaotisch ist.«
Chaos im Sinne von Unübersichtlichkeit und schlechter theoretischer Integration herrscht auch heute noch in der Emotionspsychologie. Die Zahl der einander widersprechenden oder einander ignorierenden Emotionstheorien ist groß; Strongman (1978) stellt alleine 28 verschiedene Theorien vor und spricht dennoch von einer Auswahl! Die Publikationen auf diesem Gebiet sind nicht mehr zu überschauen. Vor allem fehlt ein allgemein anerkanntes Emotionskonzept.
Jede Gliederung des Wissens über Emotionen ist daher mit einer gewissen Willkür behaftet. Die diesem Buch zugrunde liegende Gliederung bedarf daher einer Erläuterung.
Ausgangspunkt der Überlegungen zur Emotionspsychologie ist die scheinbar triviale Frage: Was ist eine Emotion? (Kap. 2). Eine Auflistung von Definitionen hilft hier kaum. Um ein Verständnis für das Konzept der Emotion aufzubauen, wird zunächst ein Blick in die Geschichte der Emotionspsychologie geworfen. Dabei sind drei Forschungstraditionen zu erkennen, die sich auch stark auf das Emotionskonzept ausgewirkt haben: die Beschäftigung mit dem subjektiven Erleben, physiologischen Reaktionen und dem Ausdrucksverhalten. Im Anschluß an eine Diskussion der Definitionsprobleme wird ein Emotionskonzept vorgestellt, das diese drei Reaktionsweisen als Ausdruck ein und desselben Phänomens ansieht. Eine kritische Betrachtung dieser Position ergibt jedoch, daß es besser ist, das Erleben von Emotionen, emotionale physiologische Reaktionen und den Ausdruck von Emotionen vorerst als *getrennte* Phänomene zu betrachten. Diese Schlußfolgerung bestimmt den weiteren Aufbau des Buches.
In den folgenden drei Kapiteln (Kap. 3, 4 und 5) werden die drei Phänomene separat untersucht. Die Binnengliederung dieser Kapitel ist weitgehend identisch: Zunächst wird jeweils versucht, die Vielfalt dieser Reaktionsweisen zu beschreiben und zu systematisieren. Wir fragen also beispielsweise danach, welche Gefühle sich voneinander unterscheiden lassen und welche sich ähnlich sind.
In engem Zusammenhang mit diesen Systematisierungsversuchen stehen Methoden zur Messung von Gefühlen, Gesichtsausdrücken und physiologischen Reaktionen. Den beiden ersten Aspekten ist jeweils ein eigener Abschnitt gewidmet, bei den physiologischen Meßmethoden wird lediglich auf die einschlägige Literatur verwiesen.

Der letzte Abschnitt der drei Kapitel beschäftigt sich mit der Frage, wie diese drei Reaktionsweisen entstehen. Wie lernen wir, unseren Gefühlszustand zu benennen? Wie entstehen emotionale physiologische Reaktionen und emotionales Verhalten bzw. der Gesichtsausdruck von Emotionen?

Ein abschließendes Kapitel ist ausgewählten theoretischen Beiträgen vorbehalten, die sich mit den kausalen Beziehungen der drei Emotionsphänomene untereinander auseinandersetzen. Zwei Positionen, die physiologische Erregung ist eine Ursache des emotionalen Erlebens und Verhaltens bzw. das Ausdrucksverhalten determiniert das Erleben, werden dargestellt und anhand experimenteller Untersuchungen analysiert.

Damit ist eine Bestandsaufnahme dessen, was Emotionen sind, erreicht. In den Kapiteln 3 bis 5 werden die Phänomene, die herkömmlicherweise mit Emotionen in Verbindung gebracht werden, beschrieben und in ihrer Entstehung erklärt. In Kapitel 6 wird zu ergründen versucht, wie diese Phänomene möglicherweise voneinander abhängen (teilweise wird dieses Problem auch bei der Entstehung berührt).

Der Leser wird nun vielleicht fragen: wodurch werden diese emotionalen Reaktionen ausgelöst und was bewirken sie selbst wieder? Diesen Fragen wurde mit Absicht kein eigenes Kapitel gewidmet. Die erste kann nämlich sehr kurz beantwortet werden, auf die zweite weiß die Emotionspsychologie keine befriedigende Antwort.

Wodurch Angst, Freude, Liebe oder Traurigkeit ausgelöst werden, kann jeder selbst am besten beantworten – und zwar nur für sich selbst. Eine allgemeine Antwort der Art, daß der Anblick von Spinnen zu Angst, ein beruflicher Erfolg zu Freude, die Begegnung mit einem attraktiven Partner zu Liebe und der Tod eines Angehörigen zu Traurigkeit führt, ist nicht möglich. Zwei Beispiele mögen dies verdeutlichen: Der Geruch von halb verdorbenem Fleisch kann Ekel bei uns auslösen, in Hungergebieten finden sich sicherlich viele Menschen, bei denen der gleiche Reiz zu Freude führt. Ein Millionär nimmt vielleicht den Verlust von 10 000,– DM gelassen hin, ein Kind, das sein Taschengeld von 10,– DM verliert, ist dagegen sehr traurig. Über die subjektiven Bewertungsprozesse, die emotionalen wie nichtemotionalen Reaktionen vorausgehen, wissen wir bisher sehr wenig (siehe dazu Lazarus et al., 1973, 1974).

Die Frage nach den Konsequenzen von emotionalen Reaktionen führt meist zur Problematik des Emotionskonzeptes zurück. So wird beispielsweise behauptet, daß Emotionen die Wahrnehmung und das Denken beeinflussen, das Verhalten von der Reizaufnahme entkoppeln oder an interne und externe Reize anpassen (Scherer, 1981), das Verhalten stören oder motivieren und Krankheiten verursachen. Welcher Aspekt der Emotionen soll dies bewirken und auf welche Weise?

Konkrete Fragen wie etwa »welche Auswirkung hat das häufige Auftreten einer bestimmten physiologischen Reaktion auf die Entstehung einer bestimmten Erkrankung?« oder »wie wirkt sich das freie Mitteilen von Gefühlen auf den therapeutischen Prozeß aus?« oder »welche Funktion hat der Gesichtsausdruck von Emotionen in Kleingruppen?« sind prinzipiell beantwortbar. Dafür sind jedoch andere Disziplinen (z. B. Psychosomatik, klinische Psychologie, Sozialpsychologie) zuständig. Diese erwarten wiederum von der Emotionspsychologie die Beantwortung grundlegender Fragen über Emotionen. Dazu soll dieses Buch beitragen.

2. Was ist eine Emotion?

2.0 Vorbemerkungen

Der Leser wird vielleicht überrascht sein, ein ganzes Kapitel zur Frage »was ist eine Emotion?« vorzufinden. Weiß nicht jeder aus Erfahrung, was Emotionen sind? Genügt es deshalb nicht, das Problem mit einigen wissenschaftlichen Definitionen abzuhandeln?

Soviel sei vorweggenommen: Emotionen sind eines der umstrittensten Phänomene in der Psychologie. Die Auffassungen darüber, was Emotionen sind, gehen weit auseinander. Manche Autoren bestreiten sogar, daß es so etwas gibt, was andere »Emotionen« nennen. Man könnte sicherlich mehrere Seiten füllen, indem man alle Emotions-Definitionen wiedergeben würde. Ziel dieses Kapitels ist es aber nicht, Konfusion zu erzeugen. Vielmehr soll die Vielfalt der Auffassungen über Emotionen auf einige wenige, aber zentrale Konzeptionen reduziert werden.

Ein Blick auf die historische Entwicklung der Emotionspsychologie wird sicherlich helfen, das Phänomen »Emotion« besser zu verstehen. Der erste Abschnitt gilt daher der Geschichte der Emotionspsychologie. Zunächst werden die in der Philosophie liegenden Wurzeln der Emotionsforschung diskutiert. Dann wird aufgezeigt, wie sich drei Haupttraditionen herausgebildet haben, die noch heute die Forschung und Theorienbildung beeinflussen. Auf die Psychoanalyse, die nach Ansicht einiger Autoren als vierte Tradition anzusehen ist, wird allerdings nicht eingegangen, da sie sich nicht befruchtend auf die empirische Emotionsforschung ausgewirkt hat. Der interessierte Leser sei hierzu auf Beebe-Center (1951) und Plutchick (1980, S. 15 ff) verwiesen.

Nach dieser historischen Betrachtung wird im zweiten Abschnitt das Problem der Definition von Emotionen behandelt. Nach der Diskussion grundsätzlicher Probleme wird ein verbreitetes Emotionskonzept vorgestellt und anschließend kritisch diskutiert. Nach den mehr oder weniger erfolgreichen Versuchen, Emotionen (bzw. emotionales Erleben, physiologische Reaktionen und Verhaltensweisen) zu definieren, wird im dritten Abschnitt eine Abgrenzung zu einigen anderen Begriffen angestrebt.

2.1 Historische Entwicklung der Emotionspsychologie

Das Thema »Emotionen« ist ein altes Erbe der Philosophie, das von der Psychologie, die sich ihrerseits aus der Philosophie entwickelt hat, bereitwillig aufgegriffen wurde. Zumindest ein Teil der Psychologie, heute manchmal geringschätzig »philosophische Psychologie« genannt, hat sich auf dem gleichen methodischen Niveau später weiter mit dem Phänomen beschäftigt. Ein Unterschied zwischen beiden Disziplinen ist erst dort zu erkennen, wo sich die Psychologie von den philosophischen Methoden der Erkenntnisgewinnung losgelöst hat.

Während sich die Psychologie von der Philosophie allmählich emanzipierte, kamen auch von anderen wissenschaftlichen Disziplinen wichtige Beiträge zur Emotionsforschung. Insbesondere die Physiologie ist in diesem Zusammenhang zu erwähnen. Wir können also festhalten, daß die Emotionspsychologie ihren Ursprung in anderen Wissenschaften hat und ein Markstein, der ihren Beginn kennzeichnet, nicht zu sehen ist.

2.1.1 Philosophische Beiträge zu den Emotionen

Die vielleicht frühesten Aussagen über Emotionen (wir wollen hier nicht darüber streiten, ob man nicht besser von Affekten oder Gefühlen sprechen sollte) stammen von Aristoteles (384–322 v. Chr.). Liebe sei eng mit Freundschaft verbunden, sie gelte demjenigen, der sich mit uns freut und mit uns trauert. Furcht entspringe der Vorstellung kommenden Unheils oder Leidens. Neid sei meist ein Unbehagen über das Wohlergehen Gleichstehender; auch Menschen, denen nur wenig fehlt, um alles zu besitzen, seien oft neidisch. Dies sind Beispiele für die Gedanken, die Aristoteles zum Thema Emotionen niederschrieb (vgl. Hehlmann, 1963, S. 18 f).

Von den späteren Philosophen, die über diesen Gegenstand nachgedacht haben, sollen nur einige herausgegriffen werden. Der Spanier Juan Luis Vives (1492–1540) erstellte eine Lehre von den Affekten, in welcher der Gegensatz gut (z. B. Liebe) – böse (z. B. Haß) ein grundlegendes Ordnungskriterium darstellt. Er nahm an, daß Emotionen die Seele bewegen und die Sinneswahrnehmungen und das Verhalten beeinflussen (vgl. Hehlmann, 1963, S. 61 f). Maine de Biran (1766–1824), französischer Philosoph und Politiker, beschrieb konkrete Emotionen wie Freude, Trauer, Angst und Schüchternheit. Er unterschied aktive und passive Emotionen und ordnete jeder einzelnen körperliche Funktionen (Kreislauf, Atmung, Sekretion) zu (vgl. Hehlmann, 1963, S. 130 f). Mit körperlichen Veränderungen bei Emotionen beschäftigte sich auch Gesenius in einer 1786 erschienenen Abhandlung »Medizinisch-moralische Pathematologie oder Versuch über die Leidenschaften und ihren Einfluß auf die Geschäfte des körperlichen Lebens«. »Bei jeder obwaltenden Leidenschaft geht auf irgend eine Art eine Veränderung im Kreislauf vor und bei einer jeden empfinden wir daher auch eine gewisse Veränderung im Herzen, ... um uns verleiten zu können, das Herz für den Sitz der Leidenschaften zu halten ...« (zit. nach Dessoir, 1902, S. 442).

Spinoza (1910) unterschied in seiner erstmals 1744 erschienenen »Ethik« zwischen den drei Grundaffekten Begierde, Freude und Trauer. Daraus leitete er zahlreiche andere Affekte ab. So sah er etwa in der Liebe, Zuneigung, Verehrung, Hoffnung, Sicherheit und Zufriedenheit besondere Formen der Freude. Welchen Stellenwert die Affekte in seinem Werk einnahmen, zeigt sich an der Gliederung und den Inhalten der einzelnen Abschnitte. Der erste Teil handelt von Gott, der zweite von der Natur und dem Ursprung der Seele, der dritte dann von dem Ursprung und der Natur der Affekte, der vierte von »der menschlichen Knechtschaft oder von den Kräften der Affekte« und der fünfte schließlich vom Verstand und der menschlichen Freiheit.

Viele Themen, die später die Psychologie aufgriff, waren zum Teil schon mehrere hundert Jahre zuvor von Philosophen behandelt worden: die Einteilung der Emotionen in verschiedene Kategorien oder nach bestimmten Dimensionen sowie ihre Beziehung zu körperlichen Veränderungen. Sogar die Überlegung, Emotionen seien intellektuelle Erklärungen für körperliche Vorgänge, heute unter dem Begriff der Attribution aktuell, gab es schon früher. Nietzsche (1844–1900) schrieb im »Willen zur Macht«: »Affekte sind Konstruktionen des Intellekts ... Alle körperlichen Gemeingefühle, die wir nicht verstehen, werden intellektuell ausgedeutet, d. h. es wird ein Grund gesucht, um sich so oder so zu fühlen, in Personen, Erlebnissen usw ... Häufige Blutzuströmungen zum Gehirn mit dem Gefühl des Erstickens werden als ›Zorn‹ interpretiert« (zit. nach de Crinis, 1944, S. 21 f).

2.1.2 Die Betonung des subjektiven Erlebens

Wie sind die ersten Psychologen wohl vorgegangen, als sie sich mit dem Thema »Emotionen« beschäftigten? Vermutlich genauso, wie heute die Psychologen vorgehen: Studium der einschlägigen Literatur und Untersuchung mit Hilfe der üblichen Methoden. Die zu diesem Thema vorhandene Literatur stammte meist von Philosophen. Daher mußte sich das philosophische Denken auf die Emotionspsychologie auswirken. So finden wir in Wundts (1910) Abhandlungen über Gefühle zahlreiche Verweise auf Aristoteles, Kant, Hegel und andere Philosophen. Als Forschungsmethode bot sich die Introspektion an. Wir werden gleich darauf zurückkommen.

Mit welchen Problemen beschäftigte sich anfangs die Emotionsforschung? Horwicz (1878) nennt als grundlegende Fragestellungen etwa das Verhältnis zwischen den Gefühlen und dem Bewußtsein (insbesondere Erinnern und Denken) sowie zwischen Gefühlen und Begehren (Antrieb zum Handeln), die Ursachen von Gefühlen sowie ihre Einteilung und Verlaufsformen. Den damaligen Erkenntnisstand zum Thema »Emotionen« beurteilt Horwicz (1878) ziemlich negativ

Gerade die Gefühlslehre ist von irgend einer wesentlichen Übereinstimmung der Psychologie am Weitesten entfernt. Es gibt weder eine sachgemäße oder erschöpfende Eintheilung, noch eine allgemein anerkannte Ansicht über irgend eine der aufgeworfenen Grundfragen . . ., sondern auf allen Theilen unseres Gebiets herrscht Streit, Widerspruch und Verwirrung (S. 7).

Für die frühe Phase der Psychologie war die Methode der Selbstbeobachtung (Introspektion) ein wichtiges Instrument zur Erforschung der Gefühle. Wilhelm Wundt (1910) unterschied zwischen einer »Eindrucksmethode« (gleich Introspektion) und einer »Ausdrucksmethode« (Registrierung von objektiven Veränderungen). Die Selbstbeobachtung hielt er jedoch für den wichtigsten Zugang. »Wo die subjektive Beobachtung nicht das Vorhandensein eines bestimmten Gefühls unzweideutig erkennen läßt, da kann man natürlich aus einer noch so großen Häufung objektiver Erscheinungen nicht auf dasselbe zurückschließen« (S. 282). Diese Methode war zwar auch schon früher umstritten, ihre Befürworter waren aber nicht um Argumente zu ihrer Verteidigung verlegen. Gegen den Einwand, man könne nicht einen Affekt haben und ihn gleichzeitig wissenschaftlich beobachten, wurde vorgebracht, man könne die wissenschaftliche Analyse zeitlich etwas zurückstellen, indem man sich auf das Gedächtnis verläßt. Dem Argument, die Emotionen würden durch die Selbstbeobachtung abgeschwächt, wurde entgegengehalten, dies könne nicht zutreffen, da man schließlich ein unangenehmes Gefühl nicht einfach dadurch beseitigen könne, indem man die Aufmerksamkeit darauf richte (vgl. Fröbes, 1917, S. 5 ff).

Die Problematik der Introspektion soll an einem kleinen Beispiel veranschaulicht werden. Wundt war der Ansicht, daß eine schwache Reizung zu angenehmen, eine sehr starke Reizung dagegen zu unangenehmen Gefühlen führt. Dafür schienen seine eigenen Beobachtung zu sprechen. »So verbinden sich mit den Kitzelempfindungen, die auf rasch wechselnden Hautreizen von geringer Stärke beruhen . . . entschiedene Lustgefühle« (1910, S. 322 f). Horwicz (1878) sah dagegen diese Gesetzmäßigkeit durch seine eigenen Erfahrungen als widerlegt an. »Nach meiner besten Erfahrung und sorgfältigsten Beobachtungen vermag ich nicht anders zu sagen, als dass die schwächsten Empfindungen mir ein widerliches kitzelndes Gefühl bewirken. Die leise Berührung mit dem Bart einer Feder, das Kriechen eines Insekts auf der Hand und dergl. wird wohl von Jedem ohne Ausnahme als unangenehm empfunden« (S. 26). Die Selbstbeobachtung kann also leicht zu widersprüchlichen Aussagen führen, deren Wahrheitsgehalt kaum überprüfbar ist.

Es ist nicht verwunderlich, daß die vorwiegend introspektiv vorgehende Psychologie zu einander widersprechenden Theorien gelangte. So hatte Wundt ein dreidimensionales Gefühlssystem erdacht. Er nahm an, daß alle Gefühle durch die voneinander unabhängigen Dimensionen »Lust–Unlust«, »Erregung–Beruhigung« und »Lösung–Spannung« charakterisiert sind. Andere Psychologen wie Ebbinghaus, Lehmann, Külbe und Titchener vertraten dagegen die Ansicht, alleine der Lust–Unlust-Gegensatz bestimme das Gefühlsleben.

Worin besteht nun die Bedeutung der introspektiven Emotionsforschung?

Psychologen wie Wundt haben das subjektive Erleben von Gefühlen als Forschungsgegenstand etabliert. Die alte Introspektionsmethode wird heute zwar abgelehnt, sie hat jedoch in einer anderen Form überlebt: der Einstufung eigener Gefühle anhand von Ratingskalen und Fragebögen. Durch vorgegebene, standardisierte Fragen sowie feststehende Antwortkategorien macht man die Antworten der Versuchspersonen untereinander vergleichbar. Auch verlangt man keine differenzierten Angaben über den Gefühlszustand mehr, sondern eher »grobe« Selbstbeschreibungen wie »ich habe Angst, ja - nein« oder »ich fühle mich angenehm - unangenehm«.

2.1.3 Die Betonung physiologischer Vorgänge

Die Vermutung, daß Emotionen von körperlichen Veränderungen begleitet werden, wurde von Philosophen mehrfach geäußert. Sie wird durch die alltägliche Erfahrung genährt, daß Zustände, die wir als Angst, Freude etc. bezeichnen, oft durch körperliche Symptome wie Herzklopfen gekennzeichnet sind. Mit der Entwicklung physiologischer Meßgeräte entstand daher ein reges Interesse an den körperlichen Begleiterscheinungen von Gefühlen.

Bei der Konstruktion dieser Registriergeräte entwickelten manche Forscher einen großen Einfallsreichtum. Ein Beispiel dafür ist die sogenannte »Menschenwaage« des italienischen Physiologen Mosso. Die Versuchsperson legte sich auf ein großes Brett, das so ausbalanciert war, daß es waagrecht lag und sich allenfalls leicht im Atemrhythmus bewegte. Wenn Organe oberhalb des Körperschwerpunktes stärker durchblutet werden, so die Überlegung, muß sich das Kopfende der Waage neigen. Mosso hatte damit bereits 1884 demonstrieren wollen, daß bei geistiger Arbeit Blut ins Gehirn strömt (vgl. Leschke, 1911). Ein häufig verwendetes Gerät war der Plethysmograph, ein Gerät zur Messung der Blutzufuhr in die Extremitäten. Die Versuchsperson steckt einen Körperteil (z. B. den Arm) in eine mit Wasser gefüllte Röhre, wobei eine Manschette das Austreten des Wassers verhindert. Jede Volumenveränderung des eingeschlossenen Organs kann als Veränderung des Wasserstandes in einer mit dem Behälter verbundenen Glasröhre abgelesen werden.

Die Untersuchung physiologischer Veränderungen bei Emotionen war im Prinzip einfach. Eine Versuchsperson wurde an ein Meßgerät angeschlossen. Dann wurden durch die Darbietung von Bildern oder durch sonstige Manipulationen bestimmte Emotionen erzeugt. Veränderungen in den Meßkurven, die zeitlich mit dem Gefühl zusammenfielen, galten als Ausdruck der jeweiligen Emotion. Bereits 1911 konnte Leschke eine Zusammenstellung zahlreicher Befunde zu emotionalen Vorgängen wie Schreck, Furcht, Lust und Unlust geben. An physiologischen Variablen wurden dabei z. B. die Pulsfrequenz, das Armvolumen, das Gehirnvolumen, der Blutdruck und die Atemfrequenz registriert. Die theoretischen Fragestellungen, die diesen Forschungen zugrunde lagen, waren meistens

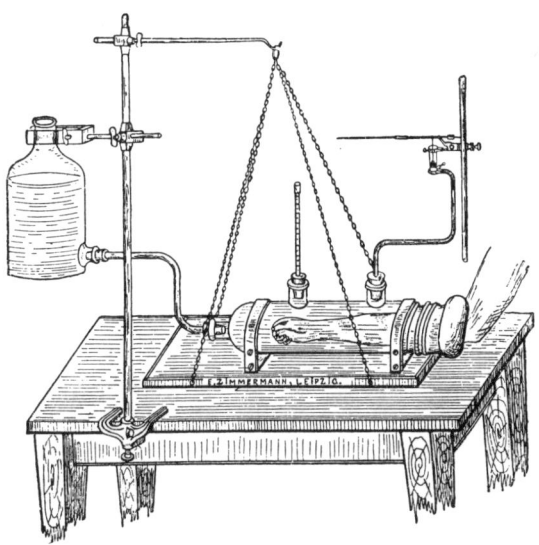

Abb. 1: Alte Darstellung eines Plethysmographen

sehr einfach. Man suchte nach *den* physiologischen Begleiterscheinungen von Emotionen.

Ein sowohl für die Theorienbildung als auch für die theoriengeleitete Forschung wesentlicher Anstoß kam von einer Emotionstheorie des amerikanischen Psychologen William James und des dänischen Physiologen Carl Lange. Beide entwickelten ihre Überlegungen unabhängig voneinander und publizierten sie 1884 bzw. 1885. In einer wesentlichen Behauptung stimmten beide überein: Emotionen sind eine *Folge* körperlicher Veränderungen. Dieser Kerngedanke der »James-Lange Theorie« wird oft durch den Satz wiedergegeben »wir weinen nicht, weil wir traurig sind, sondern wir sind traurig, weil wir weinen«. Nach James entsteht eine Emotion wie folgt: Ein Objekt wird wahrgenommen. Als Reaktion darauf werden kortikal bestimmte Reflexe ausgelöst (Verhaltensweisen und physiologische Veränderungen). Diese Reaktionen nimmt das Individuum wahr. Ihre Wahrnehmung ist identisch mit der Emotion (James, 1890, S. 478 ff). Lange (1910) postulierte zusätzlich ein »vasomotorisches Zentrum« im Gehirn, das die körperlichen Reaktionen auslöst.

Weder James noch Lange konnten experimentelle Ergebnisse zur Unterstützung ihrer Theorie vorbringen. Es fehlte nicht an Versuchen, diese Theorie, die doch dem gesunden Menschenverstand zu widersprechen scheint, zu widerlegen. Häufig zitiert werden die Hundeversuche des englischen Physiologen Sherrington (1900). Er argumentierte, daß James und Lange zufolge Emotionen auf einer Rückmeldung der körperlichen

Reaktion zum Gehirn basieren. Verhindert man diese Rückmeldung, so dürften keine Emotionen mehr vorhanden sein. Dem ist nur zuzustimmen, denn James hatte ausdrücklich die Wahrnehmung der körperlichen Reaktion mit der Emotion gleichgesetzt. Sherrington durchtrennte bei Hunden die Nervenleitungen zwischen Körper und Gehirn – und die Versuchstiere zeigten weiterhin Zeichen von Wut, Freude, Furcht und Ekel. Damit schien die James–Lange Theorie widerlegt zu sein. Dieser Argumentation liegt aber ein fundamentales Mißverständnis zugrunde. Das Ausdrucksverhalten (z. B. Bellen) der Versuchstiere ist kein Indiz für das Vorhandensein subjektiver Gefühle. Wir wissen nicht, ob die Hunde Emotionen erlebten, ja nicht einmal, ob sie dies grundsätzlich können. Der James–Lange Theorie zufolge hätte das Ausdrucksverhalten (z. B. Bellen), soweit eine Rückmeldung zum Gehirn nicht verhindert war, subjektive Emotionen verursachen können (»wir sind traurig, weil wir weinen«)! Diese Art von Versuchen basiert also auf einem Mißverständnis des Jamesschen Emotionskonzepts.

Für die Überprüfung der Theorie angemessener sind Humanexperimente. Natürlich kann man bei Menschen keine chirurgischen Eingriffe zu Versuchszwecken vornehmen, man kann aber ihre physiologischen Reaktionen durch die Injektion bestimmter Pharmaka verstärken. Adrenalin, ein Hormon, das vom Nebennierenmark bei Streß in den Blutkreislauf ausgeschüttet wird und Erregungssymptome verursacht, erscheint für solche Versuche besonders geeignet. Die Wahrnehmung dieser Symptome müßte nach der James–Lange Theorie zu Emotionen führen. Einer der ersten Berichte über die Wirkung von Adrenalin auf Gefühle stammt von Wearn und Sturgis (1919; nach Barchas et al., 1972). Sie benutzten Adrenalininjektionen zur Auslese von Rekruten. Offenbar reagierte ein Teil von ihnen mit Angst; sie wurden als neurotisch und damit ungeeignet eingestuft. Maranon (1924; nach Barchas et al.) klassifizierte seine Versuchspersonen nach ihren Reaktionen. Bei einigen traten überhaupt keine Veränderungen auf, andere zeigten die typischen körperlichen Erregungssymptome, erlebten aber keine Emotionen, und nur bei einem kleinen Teil verursachte das Adrenalin sowohl körperliche Symptome als auch Emotionen. Auch Landis und Hunt (1932) sowie Cantril und Hunt (1932) stellten in Experimenten mit psychiatrischen Patienten bzw. mit Gesunden fest, daß nur ein kleiner Teil der Versuchspersonen mit echten Emotionen auf eine Adrenalininjektion reagierte. Die James–Lange Theorie konnte also soweit weder bestätigt noch völlig widerlegt werden. In neuerer Zeit haben Schachter und Singer (1962) eine Theorie vorgestellt, die als Weiterentwicklung der alten James–Lange Theorie verstanden werden kann. Auch eine Theorie Izards (z. B. 1977), der zufolge emotionales Erleben hauptsächlich auf einer Rückmeldung des Gesichtsausdrucks basiert, steht in dieser Tradition (s. Kap. 6).

Wie wir bereits sahen, gingen von der James–Lange Theorie wichtige

Impulse auf die Forschung aus. Sie inspirierte auch den amerikanischen Physiologen Walter B. Cannon. Er sah die James–Lange Theorie als widerlegt an. Die Tierversuche Sherringtons, die er übrigens repliziert hatte, Maranons Adrenalinexperiment sowie die Überlegung, daß viele körperliche Reaktionen zu langsam sind, um emotionales Erleben auslösen zu können, veranlaßten ihn zu dieser Überzeugung. Cannon entwickelte einen alternativen Erklärungsansatz für verschiedene emotionale Phänomene. Sein erstmals 1915 (deutsch 1975) erschienenes Werk »Wut, Hunger, Angst und Schmerz: Eine Physiologie der Emotionen« erlangte großen Einfluß. Während der James–Lange Theorie zufolge die vom Gehirn ausgelöste körperliche Reaktion erst in der Peripherie (dem Körper) ablaufen muß, um dann als Emotion wahrgenommen zu werden, verzichtete Cannon auf diesen »Umweg«. Subjektives Erleben sah er als eine direkte Folge neurophysiologischer Prozesse an. Er nahm an, daß ein bestimmter Teil des Gehirns, der Thalamus, sowohl für die Entstehung subjektiver Gefühle als auch für körperliche Reaktionen verantwortlich ist. Als Beweis führte er Tierversuche und Beobachtungen an Menschen mit pathologischen Veränderungen des Gehirns an. Sein besonderes Interesse galt jedoch nicht der Entstehung subjektiver Gefühle, sondern der physiologischen Reaktion im Körper. Er hob die Rolle des autonomen Nervensystems hervor. Die physiologische Reaktion, so nahm er an, wird vom Thalamus ausgelöst und über das autonome Nervensystem an die Endorgane weitergeleitet. Diese peripher ablaufende Reaktion sah er als einen biologisch sinnvollen, geordnet ablaufenden Prozeß an.

Diese Körperveränderungen spielen im Kampf ums Dasein eine hervorragende Rolle. Sie werden unmittelbar bei Auftreten der Emotionen ausgelöst. Von diesem Standpunkt aus gesehen handelt es sich ... um Körperreaktionen, die für die Erhaltung des Lebens vermutlich von größter Bedeutung sind. Es werden die Körperreserven zur unmittelbaren Verwendung bereitgestellt, so zum Beispiel die konzentrierten Erythrozyten und die gespeicherten Adrenalin- und Zuckermengen. Das Blut wird in erhöhtem Maße dem Nervengewebe und den Muskeln, die der Wucht des Kampfes am meisten ausgesetzt sind, zugeführt. Das Herz wird zu einer rascheren Schlagfolge gebracht, um den Kreislauf zu beschleunigen. Dadurch tritt für denselben Zeitraum in der Tätigkeit der Verdauungsorgane eine Hemmung ein (Cannon, 1975, S. 196).

In der Tradition Cannons stehen zahlreiche Arbeiten über die neurophysiologischen Grundlagen von Emotionen (s. Kap. 6.0) sowie zu den peripheren physiologischen Reaktionen (s. Kap. 4.2).

2.1.4 Die Betonung des Ausdrucksverhaltens

Im späten 19. Jahrhundert lagen bereits verschiedene Abhandlungen über den Ausdruck von »Seelenzuständen« vor, in denen u. a. beschrieben wurde, wie sich Furcht, Wut und andere Emotionen im Verhalten und im Gesichtsausdruck offenbaren. Eine hervorragende Stellung nimmt jedoch ein Werk von Charles Darwin (1809–1882) mit dem Titel »Emotions in man and animals«; deutsche Übersetzung: »Der Ausdruck der Gemütsbewegung bei dem Menschen und den Thieren«, 1872) ein.

Abb. 2: Ausdruck extremer Furcht
(Aus Darwin, 1872; mit freundlicher Genehmigung des Verlages.)

Darwin wurde vor allem durch sein Buch »Über den Ursprung der Arten« bekannt, in dem er eine Theorie darlegte, die bald als »Darwinismus« eine weite Verbreitung fand. An seinem Beitrag zur Emotionspsychologie ist die Forschungsmethode bemerkenswert. Darwin formulierte eine Reihe konkreter Fragen wie »Erregt die Scham ein Erröten, wenn die Farbe der Haut ein Sichtbarwerden derselben gestattet?« (S. 15). Die Fragen verschickte er an Missionare, Kolonialbeamte, Forschungsreisende und sonstige Leute in der ganzen Welt, die mit den verschiedensten Menschenrassen in Kontakt waren. Die Beobachtungen an Eingeborenen wurden ergänzt durch Beobachtungen an Kindern, Geisteskranken und Tieren sowie durch die Beurteilung von Fotografien eines Mannes, dessen Gesichtsmuskeln elektrisch gereizt wurden. Wie Darwin einzelne

22

Emotionen charakterisierte, soll im folgenden am Beispiel der Wut demonstriert werden.

Immer ist das Herz und die Circulation afficirt; das Gesicht wird roth oder purpurn, wobei die Venen an der Stirn und am Hals ausgedehnt werden. Das Erröten der Haut ist bei den kupferfarbigen Indianern von Süd-Amerika und selbst, wie man sagt, an den weissen Narben, den Rückständen alter Wunden, bei Negern beobachtet worden ... Auf der anderen Seite wird die Thätigkeit des Herzens zuweilen durch grosse Wuth so stark gehemmt, dass das Gesicht bleich oder livit wird ...
Der Körper wird gewöhnlich aufrecht gehalten, bereit zur augenblicklichen Handlung ... Die Begierde zu schlagen wird in der That häufig so unerträglich stark, dass unbelebte Gegenstände geschlagen oder auf den Boden geschleudert werden ...
Die Lippen werden zuweilen während der Wuth in einer Art und Weise vorgestreckt, deren Bedeutung ich nicht verstehe, wenn es nicht von unserer Abstammung von irgend einem affenartigen Thiere herrührt ... (S. 244 ff).

Weitere Ausdrucksformen der Wut, die Darwin schildert, sind Veränderungen der Atmung, Herumwälzen, Schreien, Kratzen etc. bei Kindern und auch jungen Affen, Zittern, Sträuben der Haare, etc. Gelegentlich zieht er Parallelen zu Tieren oder Geisteskranken, berichtet von Beobachtungen an seinen eigenen Kindern oder von ähnlichen Erscheinungen bei verschiedenen Eingeborenen. Seine Schilderungen scheinen sich auf extreme Formen von Emotionen zu beziehen, jedenfalls wirken sie sehr drastisch.
Neben den Beschreibungen des emotionalen Ausdrucks stellte Darwin Überlegungen zu dessen biologischer Nützlichkeit und Herkunft an. Er war der Ansicht, daß die meisten Ausdrucksformen angeboren sind und zumindest in einer früheren Phase der menschlichen Entwicklung einen bestimmten Zweck erfüllten. Auch heute sind gewisse Ausdrucksformen noch als nützlich anzusehen, etwa für die Kommunikation zwischen Mutter und Kind. In ihrem Vorkommen bei Tieren sah Darwin einen Beleg für die Richtigkeit seiner Abstammungslehre.
Die Ausdrucksforschung nach Darwin beschäftigte sich primär mit dem Gesichtsausdruck. Eine zentrale Frage war dabei, wie gut Beobachter Emotionen erkennen und welche Emotionen sie zu unterscheiden in der Lage sind. So legte Feleky (1914) 100 Versuchspersonen Fotografien von sich selbst vor, in denen sie verschiedene Emotionen ausdrückte. Die Versuchspersonen schrieben denselben Bildern unterschiedliche Emotionen zu. Wenn man aber berücksichtigt, daß manche Wörter ähnliche Zustände bezeichnen, so findet sich immerhin einige Übereinstimmung. Landis (1924) versuchte bei seinen Versuchspersonen durch natürliche Auslösebedingungen Emotionen hervorzurufen, um dann deren Gesichtsausdruck zu fotografieren. Er verwendete 17 verschiedene Reize (z. B. Enthauptung einer Ratte, Elektroschocks, pornographische Bilder). Aus den 844 Fotos wählte er 77 besonders ausdrucksvolle aus und legte sie

Beurteilern vor. Landis fand kaum eine Übereinstimmung zwischen den von den Darstellern berichteten und den von den Beurteilern vermuteten Emotionen. Bald wurden die Möglichkeiten der Gesichtsausdrucksforschung pessimistisch beurteilt, da die Meßgenauigkeit allgemein sehr gering war. In neuerer Zeit haben methodische Verbesserungen jedoch neue Forschungsmöglichkeiten eröffnet. (Eine Übersicht über die alten Untersuchungen zum Gesichtsausdruck findet sich bei Woodworth und Schlosberg, 1954).

Ebenso wie Darwin interessierte sich John Broadus Watson (1878–1958) nicht für die subjektiven Gefühle, sondern nur für die körperlichen Reaktionen. In einem Punkt war er jedoch weitaus radikaler als Darwin: er lehnte jede Beschäftigung mit subjektivem Erleben explizit ab. Watson gilt als ein Begründer des Behaviorismus, also jener Wissenschaftsauffassung in der Psychologie, die sich ausdrücklich nur mit beobachtbarem Verhalten und verhaltensauslösenden Reizen beschäftigt. Introspektion wurde strikt abgelehnt. Der Beitrag Watsons zur Emotionspsychologie wird hier dargestellt, weil er richtungsweisend für die Erforschung des Lernens emotionaler Reaktionen gewesen ist und außerdem in seiner Ablehnung des subjektiven Erlebens das Emotionskonzept vieler Psychologen beeinflußt hat. Die folgenden Ausführungen beziehen sich auf sein Werk »Behaviorism« (1930; deutsch 1968).

Watson ging von der Beobachtung aus, daß manche Objekte und Situationen zu Reaktionen führen, die eigentlich nicht nowendig erscheinen. Menschen weichen vor Hunden oder Pferden aus, zeigen auf ein nächtliches Geräusch hin »infantile Reaktionen« und reagieren auf die Überreste eines Heiligen mit religiösem Verhalten. Diese Art von Reaktionen bezeichnete er als emotional. Um etwas über ihre Herkunft zu erfahren, beobachtete er die Reaktionen vieler Kleinkinder auf die unterschiedlichsten Reize und kam zu dem Schluß, daß es vermutlich drei Klassen von angeborenen emotionalen Reaktionen gibt: »Furcht«, »Wut« und »Liebe«. An auslösenden Reizen identifizierte er beispielsweise für die Furcht laute Geräusche sowie Haltverlust (etwa durch Fallenlassen des Kindes). Die Furchtreaktionen der beobachteten Kinder bestanden u. a. in Anhalten des Atems, Schreien und Urinieren.

Der eigentliche Beitrag des Behaviorismus zur Emotionspsychologie beschränkt sich hauptsächlich auf die Bereitstellung eines lerntheoretischen Erklärungsansatzes für emotionales Verhalten (siehe Kap. 5.4.4) und für den Erwerb eines Emotionsvokabulars (Skinner, 1945; s. a. Kap. 3.5).

2.2   Die Definition von Emotionen

2.2.1 Allgemeine Probleme bei der Definition von Emotionen

Angesichts der Tatsache, daß die psychologische Emotionsforschung auf eine etwa hundertjährige Tradition zurückschauen kann, sollte man erwarten, daß inzwischen Einigkeit darüber besteht, was unter Emotionen verstanden wird. Auch unsere alltäglichen Erfahrungen geben Anlaß zu einer solchen Vermutung. Ist es in der Umgangssprache nicht klar, was man unter Emotionen versteht? Wenn man in einem Gespräch den Begriff »Emotion« verwendet, wird man nicht erläutern müssen, was man damit meint. Dennoch ist »Emotion« eines der am schlechtesten definierten Konzepte in der Psychologie. Wenger et al. (1962, S. 3) haben diesen Widerspruch zwischen Alltagswissen und wissenschaftlicher Definition treffend ausgedrückt. »Emotion ist ein seltsames Wort. Fast jeder denkt, er versteht was es bedeutet, bis er versucht, es zu definieren. Dann behauptet praktisch niemand mehr, es zu verstehen.«

Das Problem, Emotionen befriedigend zu definieren, hat bei manchen Autoren schon Resignation erzeugt. Meyer (1933) fragte, wozu wir in der Wissenschaft einen überflüssigen Begriff wie Emotionen brauchen, da es schon genügend wissenschaftliche Begriffe gebe, um alles Notwendige zu beschreiben. Er sagte damals voraus, daß Emotionen das gleiche Schicksal erleiden würden wie der »Wille«, der bereits aus der wissenschaftlichen Terminologie verschwunden war. 1950 würden die Psychologen diese beiden Begriffe nur noch als Kuriositäten der Vergangenheit belächeln. Manche Autoren sehen den Nutzen von »Emotionen« nur noch darin, als Kapitelüberschrift in einem Lehrbuch zu dienen.

Vor allem zwei Gründe sind zu nennen, warum sich Emotionen einer exakten Definition widersetzen. Der Begriff wurde und wird auf die verschiedensten Phänomene angewandt, die nicht gerade rationaler Art sind. Es existieren Theorien zu sehr unterschiedlichen Gegenstandsbereichen, verbunden sind sie durch den Begriff »Emotionen«. Strongman (1978, S. 5) diskutiert eine mögliche Einteilung von Emotionstheorien, die die Unterschiedlichkeit der Sichtweisen gut belegt. Emotionen werden je nach Autor verstanden als:
- bewußte Erfahrungen
- psychologische Zustände unter Betonung des autonomen Nervensystems oder des limbischen Systems
- inadäquate Anpassungen
- Motivationen
- Verhaltensaspekt.

Der zweite Grund für die Definitionsproblematik liegt darin, daß als emotional bezeichnete Phänomene nur sehr schwer gegen solche nichtemotionaler Art abzugrenzen sind. Eine bestimmte Verhaltensweise, ein interner Gefühlszustand, eine physiologische Erregung können u. U. als emotional oder auch als nicht emotional angesehen werden. Sind Hunger, Müdigkeit oder Langweile Emotionen? Handelt es sich um emotionales (furchtsames) Verhalten, wenn jemand im Straßenverkehr besonders vorsichtig ist? Worin unterscheidet sich die physiologische Reaktion bei Emotionen von der bei körperlicher Betätigung? Wir sind oft nicht in der Lage, anzugeben, was Emotionen *nicht* sind. Es fehlen

Kriterien, anhand derer wir Emotionen von anderen Phänomenen abgrenzen können.

Sollte angesichts dieser Probleme ganz auf eine Definition von Emotionen verzichtet werden? Konsequenterweise müßte man dann den Gegenstandsbereich nach völlig anderen, dafür aber besser definierbaren Begriffen neu ordnen. Eine Alternative wäre, sich weiterhin um eine Definition zu bemühen. Ein solcher Versuch wird im folgenden diskutiert.

2.2.2 Emotionen als Reaktionstrias

Eine verbreitete Auffassung besagt, daß Emotionen durch das nahezu gleichzeitige Auftreten dreier Reaktionen charakterisiert sind (z. B. Eysenck, 1975; Lang, 1968). »Emotionale Reaktionen lassen sich bei gegenwärtigem Forschungsstand als eigentümliches Zusammenspiel vielfältiger ... Momente begreifen, die als Erleben, Verhalten, physiologische Reaktion in unterschiedlichem Ausmaß aufeinander abgestimmt sind« (Bottenberg, 1972, S. 265 f). An einem Beispiel soll verdeutlicht werden, was damit gemeint ist. Angenommen, jemand wird von einer Bande bewaffneter Rocker bedroht. Er läuft davon (Verhalten), sein Herz schlägt schneller (physiologische Reaktion) und er empfindet Angst (subjektives Erleben). Diese Reaktion wäre auf drei Ebenen meßbar, nämlich durch Verhaltensbeobachtung, physiologische Messungen und sprachliche Beschreibung der Gefühle. Erkennt man an, daß Emotionen auf diesen drei Reaktionsebenen ablaufen, so kann man überlegen, welche Art der Messung am besten ist. Lassen sich durch physiologische Messungen geringe Schwankungen der Emotionsstärke besser erfassen als durch Verhaltensbeobachtungen? Kann man anhand von Befindlichkeitsbeschreibungen mehr Emotionen unterscheiden als durch die Analyse des Gesichtsausdruckes? Sollte man auf den introspektiven Bericht vielleicht völlig verzichten, weil er zu ungenau ist und leicht verfälscht werden kann?

Die Prämisse für die Berechtigung solcher Fragen lautet: die einzelnen Komponenten der Emotionen stehen tatsächlich in einer engen Beziehung zueinander. Es scheint jedoch, daß dieser enge Zusammenhang aufgrund theoretischer Überlegungen zwar bestehen müßte, daß er praktisch aber nicht nachzuweisen ist. Die einzelnen Komponenten korrelieren oft nur geringfügig miteinander, es gibt sogar Belege für inverse Beziehungen (z. B. Izard, 1977, S. 80 ff). Die unbefriedigend niedrige Kovariation der drei Komponenten zwingt uns nicht unbedingt, das Konzept der Reaktionstrias aufzugeben. Möglicherweise sind methodische Unzulänglichkeiten bei der Messung der einzelnen Variablen für die niedrigen Korrelationen verantwortlich. In Laborsituationen werden meist nur relativ schwache Emotionen erzeugt, so daß die begrenzte Beobachtung korrelationsmindernd wirken kann (Eysenck, 1975). Die Beziehungen könnten nichtlinear sein (Eysenck, 1975) oder durch Störvariablen wie soziale Erwünschtheit (Eysenck, 1975), Situations- oder Kulturgebundenheit der Emotionswörter (Averill et al., 1969) verfälscht werden. In diesem Fall könnte man das Reaktionstrias-Konzept beibehalten und auf die Beseitigung der Meßprobleme hoffen.

Eine andere Erklärung für die geringe Kovariation von physiologischen Veränderungen, Verhalten und Verbalreport lautet, jede der drei Reaktionsweisen erfülle »spezifische adaptive Funktionen« (Lazarus et al., 1973). Damit ist gemeint, daß biologische, kulturelle oder psychodynamische Faktoren dafür verantwortlich sind, daß die Reaktionen nicht synchron verlaufen. Jede der Reaktionsweisen erfüllt andere Aufgaben. Ein geringer Zusammenhang wird nicht auf irgendwelche Störvariablen zurückgeführt, sondern als natürliche Art der Auseinandersetzung mit der Umwelt angesehen. Das Reaktionstrias-Konzept wird damit modifiziert, aber nicht aufgegeben. Die drei Reaktionsweisen gelten weiterhin als Indikatoren für Emotionen, ein gleichzeitiges Auftreten wird jedoch nicht erwartet.

Einem dritten Erklärungsansatz zufolge werden die einzelnen Reaktionen unabhängig voneinander erworben und können auch unabhängig voneinander modifiziert werden. Dafür sprechen klinische Beobachtungen. Riccio und Silvestri (1973) berichten, daß durch Systematische Desensibilisierung zwar das Vermeidungsverhalten beim Anblick phobischer Reize ausgelöscht wurde, die Patienten aber weiterhin subjektiv Angst erlebten. Dieser Ansatz stellt das Konzept der Reaktionstrias am stärksten in Frage. Wenn die einzelnen Elemente getrennten Lernprozessen unterliegen, müssen sie nicht gemeinsam vorkommen, weder gleichzeitig noch zeitlich verschoben.

Welche der Erklärungen für die niedrige Kovariation von Erleben, physiologischer Reaktion und Verhalten am zutreffendsten ist, kann hier nicht entschieden werden. Es sollen jedoch die Konsequenzen aus diesem Befund aufgezeigt werden: Emotionen können nicht aus dem Vorhandensein einer einzigen Reaktionsweise erschlossen werden. Wenn jemand aggressives Verhalten zeigt, so wissen wir nicht, ob er Wut oder Angst dabei empfindet oder ob er nur ohne Gefühle einen Befehl ausführt. Wenn ein Fallschirmspringer vor dem Absprung eine Herzfrequenz von 110 Schlägen pro Minute hat und ein anderer nur 80, so können wir trotzdem nicht ausschließen, daß der erste subjektiv weniger Angst erlebt als der zweite. Zwei Menschen können sich lieben (subjektives Erleben) und dennoch nicht zueinander zärtlich sein. Beobachten wir, daß sie Zärtlichkeiten austauschen, so wissen wir nicht, ob sie auch entsprechende Gefühle haben.

Besteht ein Ausweg aus dem Dilemma darin, gleichzeitig auf allen drei Ebenen zu messen? Keineswegs, dieses Vorgehen bringt sogar fast unlösbare Probleme mit sich. Die einzelnen Indikatoren können auf völlig verschiedene Emotionen hinweisen, ohne daß entschieden werden kann, welche Schlußfolgerung richtig ist. Welche Emotion hat ein Mann, der einen Bekannten mit einem Gesichtsausdruck der Freude begrüßt, dabei keinerlei physiologische Erregungssymptome zeigt und uns später berichtet, er könne diesen Bekannten nicht leiden? Der Verhaltensbeobachter sagt »Freude«, der Psychophysiologe »keine Emotion«, und der Betroffene selbst beschreibt seine Gefühle als »Abneigung«. Man sollte nicht den Irrtum begehen, von der Kenntnis der äußeren Umstände, unter denen eine emotionale Reaktion auftritt, eine Lösung des Problems zu erwarten. Die Beachtung der Reizsituation wird sicherlich die Urteilsgenauigkeit der Verhaltensbeobachtung erhöhen und in einigen Fällen helfen, die physiologische Reaktion auf nichtemotionale Ursachen (körperliche Betätigung etc.) zurückzuführen. Die Unterschiedlichkeit der Reizverarbeitung läßt jedoch keine Prognose bezüglich der Emotionen eines bestimmten Individuums zu.

Welche Konsequenzen aus den Problemen des Reaktionstrias-Konzeptes gezogen werden können, wird im nächsten Abschnitt diskutiert. Die Ausgangsbasis ist dabei, möglichst nicht auf eine Definition zu verzichten.

2.2.3 Konsequenzen aus der Problematik des Reaktionstrias-Konzeptes

Aus der niedrigen Kovariation der »Emotionskomponenten« physiologische Reaktion, Verhalten und Erleben kann die Schlußfolgerung gezogen werden, daß es sich hierbei möglicherweise um *getrennte Phänomene* handelt. Angesichts der empirischen Daten zum Zusammenhang der drei Reaktionsweisen erscheint dieser Schluß ebenso plausibel wie die Behauptung, sie seien Ausdruck eines einheitlichen Phänomens. Es muß betont werden, daß die Richtigkeit der einen oder der anderen Aussage momentan nicht feststellbar ist. Ein solches Emotionskonzept, das physiologische Reaktion, Verhalten und Erleben als eigenständige Elemente auffaßt, ist daher nur als ein pragmatischer Lösungsvorschlag zu verstehen. Es sollte als Arbeitskonzeption dienen, dessen Aufhebung zugunsten eines integrativen Emotionsmodells wünschenswert ist. Dieses Integrationsmodell muß vor allem eine plausible Erklärung dafür anbieten, *warum* und auf welche Weise die einzelnen Phänomene in einer Beziehung zueinander stehen. Es genügt nicht, die Integration durch den gemeinsamen Namen »Emotion« zu leisten. Vielmehr besteht die Aufgabe darin, kausale Beziehungen zwischen Verhalten, Erleben und physiologischer Reaktion aufzuzeigen. Die in Kapitel 6 vorgestellten Theorien können als ein Schritt in diese Richtung angesehen werden.

Es erscheint also forschungsstrategisch zweckmäßig, vorläufig auf ein allumfassendes Emotionskonzept zu verzichten und stattdessen emotionales Erleben, Verhalten und physiologische Reaktion als potentiell unabhängige Phänomene zu betrachten. Zieht man diese Konsequenz, muß man allerdings auch die drei Phänomene einzeln definieren.

Unter *subjektiv erlebten Emotionen* sollen Zustände (Befindlichkeiten) verstanden werden, die vom betroffenen Individuum selbst als »Emotionen« bezeichnet und mitgeteilt werden. Die Bezeichnung des eigenen Zustandes wird in der Regel mit Hilfe der Sprache erfolgen. (Taubstumme können sich beispielsweise auch durch eine Zeichensprache mitteilen.) Wenn also jemand sagt, er sei traurig, habe Angst, fühle sich einsam etc., so wird seine Emotion durch diese Mitteilung definiert. Bezeichnet er seinen Zustand nicht als Emotion (z. B. als Müdigkeit), so nehmen wir an, daß er keine Emotion erlebt. Bestreitet jemand, eine Emotion zu erleben, so hat er dieser Definition zufolge auch keine. Welche Zustände als Emotionen gelten und welche nicht, kann durch Übereinkunft geregelt werden.

Diese Definition wirft allerdings ein Problem auf: Nicht alles, was man empfindet, wird man auch mitteilen. Die Bereitschaft, persönliche Informationen zu geben (dazu zählen sicherlich auch Mitteilungen über den eigenen Gefühlszustand), hängt von zahlreichen Bedingungen ab (siehe Cozby, 1973; Chelune et al., 1979). Solche Mitteilungen müssen deshalb nicht generell als unzuverlässig angesehen werden. Es erscheint jedoch wichtig, die Kommunikationsbedingungen (Vertraulichkeit etc.) zu optimieren.

Ein anderer Einwand gegen diese Definition lautet, ein Individuum sei möglicherweise nicht sensibel für die Wahrnehmung seiner Gefühle oder habe gar unbewußt bestimmte Emotionen. Dem muß entgegnet werden, daß alleine die erlebte, also wahrgenommene Befindlichkeit Gegenstand der Definition ist. Was möglicherweise in einem Individuum vorgeht und von ihm nicht bemerkt wird, interessiert uns nicht. Aus seinem Verhalten dürfen wir jedenfalls nicht auf etwas schließen, was der Selbstbeobachtung entgangen sein könnte (vgl. auch die Diskussion zwischen Mullane, 1965, 1975/76 und Fox, 1973/74, 1975/76).

Unter *emotionalen physiologischen Reaktionen* sollen physiologische Veränderungen verstanden werden, die auf emotionale Reize zurückzuführen sind. Ein Reiz kann als »emotional« angesehen werden, wenn er normalerweise das Erleben vom Emotionen und/oder emotionales Verhalten auslöst. Wenn also beispielsweise der Anblick einer Schlange zur Erhöhung der Herzfrequenz führt, gilt dies als eine emotionale physiologische Reaktion. Voraussetzung ist, daß eine Übereinkunft darin besteht, daß die Schlange (zumindest für die untersuchte Person) einen emotionalen Reiz darstellt. Würde die gleiche Herzfrequenzerhöhung beispielsweise durch Treppensteigen verursacht, wäre es keine emotionale physiologische Reaktion.

Emotionales Verhalten kann analog zur emotionalen physiologischen Reaktion definiert werden. Verhaltensweisen, die nach Ansicht von Beobachtern als Reaktion auf emotionale Reize auftreten, gelten als emotional. Die Beobachter (u. U. auch das Individuum selbst) interpretieren also das Verhalten im Situationszusammenhang. Wenn beispielsweise jemand seinem Tischnachbarn ein Glas Bier auf die Hose schüttet, kann dies in einem bestimmten Kontext als »Versehen«, in einem anderen dagegen als Ausdruck von »Wut« beurteilt werden.

Ein spezieller Aspekt des Verhaltens ist der *Gesichtsausdruck*. Er kann im Gegensatz zu den übrigen Verhaltensweisen situationsunabhängig als emotional interpretiert werden. Eine mimische Reaktion gilt (ebenso wie andere Verhaltensreaktionen) als Ausdruck einer Emotion, wenn Beobachter sie als »Freude«, »Traurigkeit«, »Angst« etc. bezeichnen. Diese Beurteilung kann jedoch alleine auf der Beobachtung des Gesichtsausdruckes basieren.

Verhalten und physiologische Reaktion können auch bei kleinen Kindern, die der Sprache noch nicht mächtig sind, sowie bei Tieren untersucht werden. Nach der hier vorgeschlagenen Arbeitskonzeption wäre es jedoch falsch, sie als Ausdruck für emotionales Erleben anzusehen, denn die wichtigste Konsequenz aus diesem Emotionskonzept lautet: von keinem der drei Emotionsphänomene darf auf das Vorhandensein oder die Qualität eines anderen geschlossen werden.

2.3 Abgrenzung der Emotionen von anderen Konstrukten

Im folgenden wird versucht, die Beziehung zwischen emotionalen und nichtemotionalen Phänomenen zu klären. Die Ausführungen basieren auf dem Gebrauch dieser Begriffe in der Umgangssprache und in der Wissenschaft. Sie sollen dazu beitragen, die etwas vage positive Definition emotionaler Phänomene (Kap. 2.2.3) durch die Abgrenzung zu anderen Konstrukten zu präzisieren.

Stimmung, Gefühl und Affekt: Diese Begriffe werden je nach Autor sehr verschieden gebraucht. Insbesondere Gefühl und Affekt werden manchmal bedeutungsgleich mit Emotion verwendet. Es zeigt sich jedoch eine Tendenz, unter Affekt eher heftige und kurzdauernde emotionale Reaktionen zu verstehen und unter Stimmung eher schwache und langdauernde. Bei der Stimmung steht meist der Erlebnisaspekt im Vordergrund. Letzteres gilt auch für Gefühl, das häufig sogar als Synonym für emotionales Erleben verwendet wird.

Persönlichkeitsmerkmale: Ängstlichkeit, Depressivität, Aggressivität oder Eifersucht sind Begriffe, die sowohl zur Beschreibung emotionaler Reaktionen verwendet werden als auch für Persönlichkeitseigenschaften. Im letzteren Fall werden die Reaktionen situativ unangemessen sein und/oder relativ häufig auftreten. Gerade das Auftreten in vielen unterschiedlichen Situationen veranlaßt uns, von einem Persönlichkeitsmerkmal zu sprechen. So gilt jemand in Angstfragebögen als habituell ängstlich, wenn er angibt, häufig Angstreaktionen zu zeigen.

Motivation: Liebe, Haß, Eifersucht, Angst etc. werden gelegentlich als Antriebskraft für ein Verhalten angesehen. In einer Gerichtsverhandlung kann Eifersucht als Grund für einen Mord erachtet werden, das Nichterscheinen zu einer Prüfung kann auf Angst zurückgeführt werden. Leeper (z. B. 1965) hat Emotionen sogar ausdrücklich motivierende Kräfte zugeschrieben.

Nach dem in Kapitel 2.2.3 vorgestellten Emotionskonzept müssen wir allerdings hier einen Zirkelschluß vermuten. Es besteht nämlich der Verdacht, daß die einem emotionalen Verhalten zugrundeliegende Ursache aus dem Verhalten selbst gefolgert wird: Warum zeigt jemand Angstverhalten? Weil er Angst hat. Woher wissen wir, daß er Angst hat? Wir schließen es aus seinem Verhalten. »›Emotionen‹ sind hervorragende Beispiele für fiktive Ursachen, auf die wir das Verhalten gewöhnlich zurückführen« (Skinner, 1973, S. 154).

Sonstige Gefühle: Der Begriff »Gefühl« ist mehrdeutig; er bezieht sich sowohl auf die Wahrnehmung durch Sinnesorgane (z. B. Wärme- oder Kältegefühl) als auch auf emotionales Erleben (z. B. Angstgefühl) (Klappenbach und Steinitz, 1964; Laucken, 1973, S. 143 ff). Ein klares Kriterium zur Unterscheidung beider Wortbedeutungen fehlt. Daher kann Unsicherheit darüber entstehen, ob etwa Müdigkeit, Schmerz oder Langeweile Emotionen sind oder nicht. Eine Entscheidung wird letztlich nur durch eine Analyse der Umgangssprache oder durch Übereinkunft der Experten herbeizuführen sein.

2.4 Zusammenfassung

Die Emotionspsychologie hat ihre Vorläufer in der Philosophie. Viele später wieder aufgegriffene Probleme wurden bereits von Philosophen erörtert. Gegen Ende des 19. Jahrhunderts kristallisierten sich in der Emotionsforschung drei große Strömungen heraus, die durch ihren Gegenstand (subjektives Erleben, physiologische Veränderungen und Ausdrucksverhalten) sowie ihre hauptsächlichen Forschungsmethoden (Introspektion, physiologische Messung, Verhaltensbeobachtung) charakterisiert werden können. Diese Traditionen haben sich bis auf die heutige Emotionsforschung ausgewirkt.

Eine befriedigende Definition von Emotion zu finden, erweist sich als außerordentlich schwierig. Der Emotionsbegriff wurde und wird auf sehr verschiedene Phänomene angewandt. Einem verbreiteten Emotionskonzept zufolge werden unter Emotionen sowohl subjektive Gefühle und physiologische Veränderungen als auch bestimmte Verhaltensreaktionen verstanden. Gegen dieses Konzept wurde aber vorgebracht, daß die drei Emotionskomponenten oft nur geringfügig kovariieren. Ein Ausweg aus der Definitionsproblematik besteht darin, subjektives Erleben, physiologische und behaviorale Reaktion so lange als getrennte Phänomene aufzufassen, bis ihre Beziehung zueinander geklärt ist.

In einer abschließenden Begriffserklärung wurde versucht, Emotionen von verwandten Konzepten abzugrenzen. Stimmung, Gefühl und Affekt werden teilweise in einer ähnlichen Bedeutung verwendet wie Emotion. Dagegen scheint eine Abgrenzung zu Persönlichkeitsmerkmalen, Motivation und sonstigen Gefühlen (z. B. Hunger) möglich zu sein.

3. Sprachliche Mitteilungen über den eigenen Gefühlszustand

3.0 Vorbemerkungen

Wir fühlen uns manchmal zufrieden, heiter, traurig oder ängstlich. Wenn wir diese Gefühlszustände anderen mitteilen wollen, steht uns eine Vielzahl von sprachlichen Bezeichnungen zur Verfügung. Beispiele für den direkten sprachlichen Ausdruck sind: »ich habe *Angst*«, »ich bin jetzt *wütend*«, »darüber *freue* ich mich sehr«, »der Anblick *ekelt* mich«. Gelegentlich drückt man sich auch indirekt aus: »mir ist heute eine Laus über die Leber gelaufen«, »das kotzt mich an«, »die Musik geht mir auf die Nerven«, »ich könnte dir um den Hals fallen«. Hier steckt die Information über den Gefühlszustand nicht in einem Wort, sondern in einer ganzen Redewendung.

Außer der Sprache gibt es noch andere Medien zur Mitteilung subjektiver Gefühle. Je nach ihren Fähigkeiten können Menschen ihre Gefühle auch durch Gestik und Mimik (s. a. Kap. 5), Musik, Malerei oder sogar durch Fingerdruck (Clynes, 1977) mitteilen. Diese Kommunikationsformen spielen jedoch im alltäglichen Leben keine so große Rolle wie die Sprache. Zudem ist die Kommunikationsgenauigkeit geringer.

In diesem Kapitel werden wir uns ausschließlich mit der sprachlichen Mitteilung über die eigenen Gefühle beschäftigen. Darüber hinaus müssen wir uns auf *direkte* Beschreibungen der Emotionen beschränken. Eine Analyse der umgangssprachlichen Bezeichnungen und Redewendungen wäre sicherlich ebenso interessant, doch fehlen hierzu die empirischen Daten.

Zunächst werden wir fragen, welche Wörter in der deutschen Sprache zur Bezeichnung von Gefühlen zur Verfügung stehen. Die so entstehende Sammlung von Emotionswörtern wird in der Linguistik ein »*Wortfeld*« genannt. Darunter versteht man die Gesamtheit aller Wörter, die ein bestimmtes Sachgebiet bezeichnen.

Gibt es so viele verschiedene Gefühle, wie unsere Sprache Wörter dafür hat? Aus der Kenntnis unserer Sprache wissen wir, daß manche Wörter mehr oder weniger dasselbe bezeichnen. Heiterkeit und Fröhlichkeit, Angst und Furcht, Mitleid und Mitgefühl sind Beispiele für Wörter, die sich in ihrer Bedeutung kaum unterscheiden. Eine genauere Betrachtung des Emotionsvokabulars zeigt, daß sich die verschiedenen Wörter nicht einfach ähnlich oder unähnlich sind, sondern daß es viele Abstufungen der Ähnlichkeit gibt. So gleichen sich Liebe und Freude mehr als Liebe und Ekel. Mit dem Problem der Ähnlichkeit beschäftigen sich die beiden nächsten Abschnitte des Kapitels.

Grundsätzlich gibt es zwei Möglichkeiten, die Ähnlichkeitsbeziehungen der Emotionen untereinander zu untersuchen. Man kann fragen, worin sich alle Emotionen ähnlich bzw. unähnlich sind. Dieser Ansatz führt zu allgemeinen *Beschreibungsdimensionen*. Gemälde beispielsweise unterscheiden sich darin, daß sie unterschiedlich schön, konkret oder teuer sind. Die Beschreibungsdimensionen würden also »Schönheit« (schön–häßlich), »Konkretheit« (konkret–abstrakt) und »Wert« (billig–teuer) lauten. Worin unterscheiden sich Gefühle?

Die zweite Möglichkeit besteht darin, Emotionen zu gruppieren, *Klassen* zu bilden. Einander ähnliche Emotionen bilden jeweils eine Klasse (Gruppe). Bleiben wir bei dem Gemäldebeispiel, um zu verdeutlichen, was eine Klassifikation ist. Die Gemälde würde man vielleicht in die Klassen »impressionistisch«, »expressionistisch« und »realistisch« einteilen. Im dritten Abschnitt wird versucht, eine Klassifikation des Emotionsvokabulars zu erstellen. Damit verbunden ist die Frage, welche »Grundemotionen« unterschieden werden können.

Wenn man die »Grundemotionen« kennt, kann man Fragebögen zur *Messung* des Gefühlszustandes konstruieren. Im vierten Teil wird über die Konstruktion und Anwendung solcher Fragebögen zu berichten sein.

Im letzten Abschnitt wird schließlich das Problem aufgegriffen, wie es möglich ist, Bezeichnungen für die eigenen Gefühle zu lernen. Sind Gefühle wie Angst, Mitleid oder Freude nicht ausschließlich privater Natur, so daß niemand dem Betroffenen sagen kann, wie er sie benennen soll? Die Auseinandersetzung mit diesem Problem verspricht aufschlußreich für das »Wesen« der Emotionen zu sein.

Wenn in diesem Kapitel von Emotionen oder Gefühlen die Rede ist, wird darunter immer die sprachliche Mitteilung verstanden. Wir überlassen es dem Individuum, seinen Gefühlszustand zu interpretieren und akzeptieren, was es drüber sagt. Über den Gegenstand dieser Mitteilungen wissen wir im Grunde bisher sehr wenig – obwohl jeder Gefühle wie Angst, Wut, Freude etc. aus eigener Erfahrung kennt.

3.1 Das Wortfeld »Emotionen«

Welche konkreten Emotionsnamen gibt es in unserer Sprache? Die Antwort auf diese Frage sollten wir in Wörterbüchern finden, die die deutsche Sprache in Sachgruppen gliedern. Dornseiff (1959) kennt eine Sachgruppe »Fühlen, Affekte, Charaktereigenschaften« und Wehrle-Eggers (1961) eine Hauptgruppe »Gefühlsleben«. Sowohl die Binnengliederung als auch die Auswahl der Wörter wirkt nach unserem heutigen Sprachgefühl recht ungewöhnlich. Beide Werke geben im Grunde keine brauchbare Sammlung von Emotionsnamen. Viele Wörter sind heute unüblich oder ihre Subsumierung unter den Oberbegriff »Emotionen« erscheint fragwürdig (z. B. Übelwollen, Wunsch, Prahlerei). Zudem wird jeder Leser spontan weitere Emotionen nennen können.

Die Ursache dafür, daß die beiden genannten Wortsammlungen

unbrauchbar sind, liegt einmal darin, daß die Werke veraltet sind. Zum anderen ist das methodische Vorgehen bei der Bildung solcher »Wortfelder«, wie man in der Linguistik z. B. die Menge aller Emotionsnamen nennt, von zweifelhaftem Wert. Der Grundgedanke der Wortfeldtheorie besteht in einer hierarchischen Gliederung des Wortschatzes in Felder. Dabei geht man meist von der gegenwärtigen Sprache aus (vgl. Geckeler, 1971; Hoberg, 1970; Schmidt, 1973). Welche Wörter ein Feld bilden, wird durch das Sprachgefühl des Forschers entschieden. Dadurch ist die inhaltliche Bestimmung eines Wortfeldes sowie die Abgrenzung zwischen verschiedenen Wortfeldern mit einer gewissen Willkür behaftet.

Eine für unsere Zwecke brauchbare Sammlung von Emotionsnamen muß daher empirisch, d. h. durch Befragung vieler kompetenter Sprachbenutzer, erstellt werden. Für die englische Sprache hat Averill (1975) eine solche empirische Bestimmung des Wortfeldes »Emotionen« vorgenommen. Er sammelte u. a. aus der Allport-Odbert Liste von 1936 emotional bedeutsame Wörter. Wenn mindestens zwei von fünf Beurteilern ein Wort als relevant ansahen, wurde es in die Liste aufgenommen. Auf diese Weise kamen 717 Begriffe zusammen, die nun, soweit erforderlich, in Adjektive und Adverbien transformiert wurden. Diese Liste wurde 173 amerikanischen Psychologiestudenten vorgelegt. Aus der Sicht »des Mannes auf der Straße« sollten sie beurteilen, ob sich die Wörter auf eine Emotion beziehen oder nicht. Wörter, die auf der Skala von 1 (wird von niemand als Emotion angesehen) bis 7 (wird von fast jedem als Emotion angesehen) einen Mittelwert unter 3 erhielten oder die mehr als 25% der Versuchspersonen nicht geläufig waren, wurden aussortiert. Die endgültige Liste enthält (einschließlich 23 weiterer Begriffe aus einer anderen Studie) insgesamt 558 Wörter. Aufgrund der Ratings müssen Wörter wie furious (wütend), rejoicing (sich freuen) und tearful (weinerlich) als typisch für Emotionen angesehen werden. Am Ende der Liste stehen apathetic (apathisch), listless (lustlos) und unconcerned (unbesorgt). Offensichtlich hatte aber die Art der Beurteilung oder die Auswahl der Versuchspersonen einen erheblichen Einfluß auf die Ergebnisse. Averill ließ die 558 Begriffe zusätzlich von Studenten einer anderen Universität auf der Dimension »unemotional – emotional« einstufen. Die Korrelation zwischen beiden Ratings beträgt nur r = .56.

Für die portugiesische Sprache liegt eine vergleichbare Studie vor. Engelmann (1978) sammelte aus Wörterbüchern insgesamt 536 Bezeichnungen subjektiver Zustände. Die Wörter wurden in kurze Sätze eingebaut und von Versuchspersonen nach ihrer Bekanntheit beurteilt. Die endgültige Liste besteht aus 370 Begriffen, die jeweils mehr als 60% der Versuchspersonen geläufig waren. Weniger aufwendige empirische Untersuchungen zum Wortfeld »Emotionen« stammen von Bottenberg (1975), Bush (1973), Davitz (1969), DeRivera (1977) und Yoshida et al. (1970).

Über eine relativ umfassende Wortfelduntersuchung zum Emotionsvokabular der deutschen Sprache (Schmidt-Atzert, 1980) wird im folgenden ausführlicher berichtet, um das methodische Vorgehen zu erläutern. Ziel der Arbeit war, eine möglichst repräsentative Liste von Emotionswörtern zu erstellen. Zugleich sollte überprüft werden, ob das Ergebnis von der Art der verwendeten Versuchspersonenstichprobe abhängt.

Zunächst wurde eine umfassende Sammlung von Emotionswörtern erstellt. Darin gingen alle Items ein, die in den damals bekannten Arbeiten zur Systematik der Emotionen Verwendung gefunden hatten (Block, 1957; Bottenberg, 1975; Davitz, 1969; Ekman, 1954, 1955; Fillenbaum und Rapoport, 1971; Kristof, 1964; Lundberg und Devine, 1975; Traxel, 1960, 1961, 1962; Traxel und Heide, 1961; Yoshida et al., 1970). Gegebenenfalls wurden die Begriffe ins Deutsche übersetzt; anschließend wurden alle in Substantive transformiert. Als Beurteiler dienten 22 Psychologiestudenten (Durchschnittsalter = 21.2) und 22 Nichtstudenten, vorwiegend Teilnehmer eines Volkshochschulkurses über Psychologie (Durchschnittsalter = 39.0). Auf einer fünfstufigen Skala war anzugeben, mit welcher Sicherheit jedes der 124 Wörter eine Emotion bezeichnet. Zwölf der Wörter waren sog. Pufferitems, die zu Kontrollzwecken unter die »echten« Emotionswörter gemischt wurden. Die Daten von vier der ursprünglich 48 Versuchspersonen wurden eliminiert, da diese Beurteiler zwei oder mehr Pufferitems (z. B. Intelligenz) als Emotionen eingestuft hatten. Tab. 1 zeigt die Emotionswörter, geordnet nach der Sicherheit, mit der sie von den Studenten als dem Wortfeld »Emotionen« zugehörig beurteilt wurden. Die zusätzliche Einteilung in die fünf Urteilskategorien dient der besseren Übersicht. Die in Klammern gesetzten Pufferitems erhielten ähnlich niedrige Beurteilungen wie einige Wörter, die von manchen Autoren als Emotionen angesehen wurden. Dem Sprachgefühl der Versuchspersonen zufolge bezeichnen »Mangel«, »Unanständigkeit« und »Kräftigkeit« keine Emotionen. Bei einer Reihe weiterer Begriffe ist die Zugehörigkeit zum Wortfeld »Emotionen« zumindest fraglich.

Tabelle 1: Zugehörigkeit zum Wortfeld »Emotionen« (N = 22)

»Mit Sicherheit eine Emotion« (M = 3.50–4.00)

Freude, Furcht, Verzweiflung, Angst, Wut, Zorn, Ekel, Traurigkeit, Ärger, Eifersucht, Haß, Rührung, Abscheu, Begeisterung, Entsetzen, Erregung, Zärtlichkeit, Zuneigung, Triumphgefühl, Verachtung, Groll, Sehnsucht

»Eher eine Emotion« (M = 2.50–3.49)

Hochstimmung, Leidenschaft, Gereiztheit, Kummer, Trauer, Verlangen, Verstimmtheit, Panik, Begehren, Heimweh, Liebe, Mitgefühl, Mitleid, Scham, Verlegenheit, Fröhlichkeit, Lust, Niedergeschlagenheit, Abneigung, Neid, Sorge, Aggressionslust, Schadenfreude, Frustration, Reue, Verehrung, Unlust, Widerwille, Wohlwollen, Zufriedenheit, Heiterkeit, Trotz, Glück, Unruhe, Übermut,

Erleichterung, Ungeduld, Dankbarkeit, Stolz, Mißtrauen, Zutrauen, Kampflust, Bewunderung, Ehrfurcht, Anteilnahme, Langeweile, Leere, Spannung, Verlassenheit, Vermissen, Verwunderung

»Weiß nicht« (M = 1.50–2.49)

Schreck, Gleichgültigkeit, Schmerz, Demut, Staunen, Vertrauen, Einsamkeit, Erwartung, Hoffnung, Überdruß, Überraschung, Zweifel, Entspannung, Lustigkeit, Neugierde, Belustigung, Ehrgeiz, Wärme, Munterkeit, Unschlüssigkeit, Erniedrigung, Respekt, Entschlossenheit, Schüchternheit, Feierlichkeit, Freundlichkeit, Pflichtgefühl, Schuld

»Eher keine Emotion« (M = .50–1.49)

Belebtheit, Sicherheit, Unduldsamkeit, Annehmlichkeit, Dominanzstreben, Nervosität, Unannehmlichkeit, Geduld, (Verrat), (Fürsprache)

»Mit Sicherheit keine Emotion« (M = 0–.49)

Mangel, (Mimik), Unanständigkeit, (Struktur), (Entzündung), (Natur), Kräftigkeit, (Dekoration), (Schlamperei), (Intelligenz), (Wohlstand), (Antigen), (Unterschied)

Unterscheiden sich die Psychologiestudenten in ihren Beurteilungen von den älteren, nichtstudentischen Versuchspersonen? Ein signifikanter Unterschied zwischen den Urteilern konnte nur in 8 von 124 Fällen festgestellt werden, was bei der großen Zahl der Vergleiche als zufällig angesehen werden kann. Die Mittelwerte beider Stichproben korrelieren mit r = .95 (p < .01). Es besteht also eine erstaunlich hohe Übereinstimmung zwischen beiden Gruppen. Auch zwischen beiden Geschlechtern besteht eine hohe Übereinstimmung. Die Werte der männlichen und weiblichen Studenten korrelieren r = .93 (p < .01), die der Nichtstudenten mit r = .90 (p < .01) miteinander. Wir können also vermuten, daß die hier vorgenommenen Beurteilungen weitgehend stichprobenunabhängig sind.
Wie ist aber zu erklären, daß Averill (1975) zwischen zwei studentischen Stichproben nur einen mäßigen Zusammenhang in der Beurteilung von Emotionswörtern fand? Ein Vergleich mit der vorliegenden Studie läßt drei Gründe plausibel erscheinen. Erstens verwendete Averill zwei verschiedene Beurteilungsaufgaben. Zweitens verführt eine Liste von mehr als 500 Items zu einer flüchtigen, ungenauen Bearbeitung. Und drittens enthielt die Averill-Liste auch Begriffe, die bis zu 25% der Versuchspersonen nicht geläufig waren. In der oben beschriebenen Untersuchung sollten die Versuchspersonen ebenfalls nicht geläufige Wörter markieren. Bei 5456 Möglichkeiten (124 Items × 44 Versuchspersonen) wurde davon nur 29mal Gebrauch gemacht – alleine 21 dieser Markierungen galten dem Pufferitem »Antigen«.
Die umfangreichen amerikanischen und deutschen Sammlungen von Emotionswörtern zeigen, daß eine Vielzahl von Wörtern zur Bezeichnung

von Gefühlen zur Verfügung steht. Darüber hinaus wird deutlich, daß in vielen Fällen keine klare Entscheidung möglich ist, ob ein Wort eine Emotion bezeichnet oder nicht. Auf dem Kontinuum von »ist eine Emotion« bis »ist keine« werden viele Begriffe dem mittleren Spektrum zugeordnet. Die inhaltliche Übereinstimmung der beiden Emotionslisten kann auf der Ebene einzelner Begriffe nur schwer überprüft werden. Bei den teilweise sehr seltenen amerikanischen Begriffen ist oft kaum eine adäquate Übersetzung zu finden.

3.2 Allgemeine Beschreibungsdimensionen für Emotionen

Betrachtet man eine Sammlung von Emotionsnamen (z. B. Tab. 1), so stellt man fest, daß sich manche Emotionen relativ ähnlich sind (z. B. Furcht und Angst), zwischen anderen dagegen erhebliche Unterschiede bestehen (z. B. Liebe und Haß). Es stellt sich die Frage, worin diese Ähnlichkeiten bzw. Unähnlichkeiten bestehen.

Mit diesem Problem hatte sich bereits Wundt (1910) beschäftigt. Er versuchte, durch Nachdenken allgemeine Beschreibungsdimensionen zu finden. Seiner Meinung nach unterscheiden oder gleichen sich Emotionen in dreierlei Hinsicht: sie sind mehr oder weniger angenehm, gehen mit mehr oder weniger starker Erregung und Anspannung einher. Er nannte diese drei Beschreibungsdimensionen »Lust – Unlust«, »Erregung – Beruhigung« und »Spannung – Lösung«. Jedes beliebige Gefühl sollte also mit diesen Begriffen charakterisiert und von anderen unterschieden werden können.

Das Wundtsche Ordnungssystem hat die Emotionspsychologie lange beschäftigt. Trotz aller Plausibilität hat es einen entscheidenden Nachteil: es ist das gedankliche Produkt eines einzigen Menschen; wir wissen also nicht, ob es allgemeingültig ist oder nicht. Im folgenden werden daher *empirische* Versuche zur Ermittlung allgemeiner Beschreibungsdimensionen geschildert. Ihr Grundprinzip besteht darin, nicht das Urteil eines einzelnen Individuums einzuholen, sondern viele Leute zu befragen. Da auf diese Weise sehr viele Daten anfallen, sind umfangreiche statistische Auswertungen erforderlich. Die empirischen Untersuchungen bestehen aus drei Phasen: Zunächst wird eine Sammlung von Emotionswörtern erstellt, die als Ausgangsmaterial für die nächsten Schritte dient. Ziel der nächsten Phase ist, die Ähnlichkeit der einzelnen Emotionen untereinander zu bestimmen. Schließlich werden diese Ähnlichkeitsurteile mit Hilfe geeigneter statistischer Verfahren ausgewertet.

Die *Auswahl der Emotionswörter* kann empirisch durch eine Wortfelduntersuchung (vgl. 3.1) oder auch nach Gutdünken des Untersuchers erfolgen. Die Auswahl beeinflußt das Endergebnis. Allgemein läßt sich sagen, daß die später gefundenen Emotionsdimensionen um so repräsentativer sind, je repräsentativer das Ausgangsmaterial ist.

Bei der *Messung der Ähnlichkeit* gibt es verschiedene Möglichkeiten. Die naheliegendste Methode ist der sogenannte Paarvergleich. Dabei muß jede Versuchsperson jede Emotion mit allen übrigen vergleichen. Sie muß also beispielsweise angeben, wie stark Angst den Emotionen Furcht, Freude, Ekel, Traurigkeit etc. gleicht. Die Urteile werden üblicherweise auf einer mehrstufigen Skala (von »sehr ähnlich« bis »sehr verschieden«) festgehalten. Der Nachteil des Paarvergleichs besteht darin, daß sich die Zahl der Urteile mit der Zahl der vorgegebenen Emotionen stark erhöht; bei 30 Emotionen sind beispielsweise bereits 435 Einzelvergleiche erforderlich. Bei einem umfangreichen Ausgangsmaterial ist daher eine andere Methode praktikabler: die Einstufung auf einem sogenannten Semantischen Differential. Jede einzelne Emotion wird auf mehreren Skalen (z. B. gut–schlecht, stark–schwach, angenehm–unangenehm) beurteilt; d. h. die Versuchspersonen kreuzen an, für wie gut, stark, angenehm etc. sie Angst, Freude, Ekel etc. halten. Die Zahl der Skalen kann dabei sehr verschieden sein. So verwendeten Traxel und Heide (1961) 10 Skalen, Bottenberg (1975) dagegen 50. Bei der Verwendung eines Semantischen Differentials wird das Ergebnis nicht nur durch die Auswahl der einzustufenden Emotionen, sondern auch durch die Auswahl der Skalen beeinflußt. Letztlich können nur solche Beschreibungsdimensionen gefunden werden, die bereits im Semantischen Differential enthalten waren.

Paarvergleich und Semantisches Differential sind die verbreitetsten Methoden der Ähnlichkeitsmessung. Daneben wurden aber auch einige andere Verfahren angewandt, auf die hier jedoch nicht weiter eingegangen wird.

Die *statistische Auswertung* der Daten dient dazu, aus der Vielfalt der Ähnlichkeiten bzw. Unähnlichkeiten zwischen den einzelnen Emotionen allgemeine Ordnungsstrukturen herauszufinden. Die Dimensionsanalysen (Faktorenanalyse, multidimensionale Skalierung, INDSCAL-Analyse) liefern eine begrenzte Zahl von Faktoren (Dimensionen) zur Beschreibung der Ähnlichkeitsbeziehungen.

Welche Dimensionen in den einzelnen Untersuchungen gefunden wurden, kann Tab. 2 entnommen werden. Die wichtigste Gemeinsamkeit der Befunde besteht in den Dimensionen Lust–Unlust und Aktivierung. Sie tauchen in allen Analysen auf, die nur wenige und damit sehr globale Dimensionen liefern. Emotionen sind demnach am besten dadurch zu beschreiben, wie angenehm bzw. unangenehm sie erlebt werden und wie sehr sie mit Erregung einhergehen. Wenn man nach Unterschieden oder Gemeinsamkeiten von Emotionen sucht, so wird man sie primär auf diesen Merkmalsdimensionen finden. Am wichtigsten scheint dabei die Bewertungsdimension (angenehm–unangenehm) zu sein.

Am Beispiel der Faktorenanalyse Bottenbergs (1975) soll demonstriert werden, wie man zu diesen beiden Ordnungsstrukturen gelangt. Der erste

Tabelle 2: Ergebnisse der Dimensionsanalysen von Emotionswörtern

Autor	Faktorenbezeichnungen (in Klammern Items mit den höchsten Faktorenladungen[*])		
	Lust – Unlust	Aktivierung	Sonstige
Ekmann (1954)	(froh, heiter) (traurig, verstimmt)	(erregt, ungeduldig)	Sehnsucht, Verlangen, Zorn, Abscheu, Furcht
Ekmann (1955)	(glücklich, froh)	(unruhig, ungeduldig)	Sehnsucht, Belebtheit, Furcht, Zuneigung, Ekel, Ärger
Block (1957)	(Zufriedenheit, Liebe – Schuld, Kummer)	(Ärger, Stolz – Heimweh, Langeweile)	Zwischenmenschliche Beziehungen
Traxel und Heide (1961)	(Liebe, Zärtlichkeit – Angst, Einsamkeit)	Grad der Motivierung (Sehnsucht, Begehren)	Unterwertung – Überhebung
Kristof (1964)	–	(Haß, Triumphgefühl – Gleichgültigkeit, Einsamkeit)	Zuwendung – Abwendung, Selbstsicherheit – Selbstunsicherheit, Staunen, Ehrfurcht, Neid, Begehren
Yoshida et al. (1970)	(Freude, Glück – Unannehmlichkeit, Ärger)	–	5 nicht benannte Faktoren
Bush (1973)	(entzückt, erfüllt – depressiv, geschlagen)	(erschreckt, bestürzt – unerschrocken, schläfrig)	Grad der Aggression
Averill (1975)	Bewertung (friedlich, zart – gewalttätig, selbstmörderisch)	(wütend, laut – trauernd, träge)	Tiefe, Unkontrolliertheit
Bottenberg (1975)	(Zufriedenheit, Heiterkeit – Kummer, Verzweiflung)	(Lust, Wut)	Tiefe der Emotion
Lundberg und Devine (1975)	–	(ungeduldig, gereizt)	Depression – Hochstimmung, Aktive Anziehung – Zurückweisung, Passive Anziehung – Zurückweisung, Unzufriedenheit – Zufriedenheit, Furcht

---

[*] Bei bipolaren Faktoren (z. B. Erregung – Ruhe) sind sowohl hoch positiv als auch hoch negativ ladende Items angegeben. Sie sind durch Bindestrich getrennt.

(bipolare) Faktor ist auf der einen Seite durch die Emotionen Zufriedenheit, Heiterkeit, Sicherheit, Freude, Vertrauen etc. charakterisiert. Die Faktorenladungen werden ständig kleiner und gehen dann in den negativen Bereich über. Emotionen wie Traurigkeit, Angst, Groll, Niedergeschlagenheit, Kummer und Verzweiflung kennzeichnen den negativen Pol. Es ist naheliegend, diese Abfolge der Emotionen durch den Gegensatz »angenehm–unangenehm« zu beschreiben; daher der Faktorenname »Lust–Unlust«. Auf dem zweiten (unipolaren) Faktor laden (in abnehmender Reihenfolge) Lust, Wut, Ärger, Liebe, Sehnsucht. . . . , Glück, Verzweiflung, Stolz, Heiterkeit, . . . , Zufriedenheit, Traurigkeit, Sicherheit, Gleichgültigkeit. Während die ersten Emotionen (mit hohen Faktorenladungen) eher mit Erregung einhergehen, handelt es sich bei den letzten (mit niedrigen Ladungen) eher um erregungsarme Zustände. Die Bezeichnung »emotionale Erregung oder Aktivierung« scheint für diesen Faktor angebracht zu sein.

Die übrigen Faktoren, die in Tab. 2 den Faktoren Lust–Unlust und Erregung folgen, sind sehr heterogen; Gemeinsamkeiten scheinen eher zufällig zu sein. Es findet sich also kein Hinweis auf eine dritte, für alle Emotionen relevante Ordnungsdimension. Manche Faktoren sind nur durch Ladungen einiger weniger Emotionen charakterisiert, der Beitrag der übrigen Emotionen kann praktisch vernachlässigt werden. Diese spezifischen Faktoren erhalten konsequenterweise manchmal die Namen von Emotionen (Sehnsucht, Ekel, Furcht etc.).

Wie sind nun die Übereinstimmungen und Diskrepanzen der verschiedenen Dimensionsanalysen zu bewerten? Die Voraussetzungen, unter denen die einzelnen Analysen durchgeführt wurden, sind zum Teil verschieden. Erstens beziehen sich die Analysen auf unterschiedliche Emotionssammlungen. Kristof (1964) verwendete etwa nur 14 Emotionen, Averill (1975) dagegen 558. Zweitens scheint die Faktorenzahl von der Ähnlichkeitsmessung abhängig zu sein. Die Methode des Paarvergleichs (Ekman, 1954, 1955; Kristof, 1964; Yoshida et al., 1970; Bush, 1973; Lundberg und Devine, 1975, und Devine und Lundberg. 1977) führt zu mehr Faktoren als das Semantische Differential (Block, 1957; Traxel und Heide, 1961; Averill, 1975; Bottenberg, 1975). Drittens wurden die Versuche mit Personen unterschiedlicher kultureller und sprachlicher Herkunft durchgeführt (Amerikaner, Deutsche, Japaner, Schweden). Die publizierten Ergebnisse werden daher mit Übersetzungsproblemen und kulturspezifischen Bewertungen bestimmter Emotionen belastet sein. Viertens beeinflussen die mathematischen Verfahren bzw. die Entscheidung, wieviel Faktoren extrahiert werden sollen, das Ergebnis. Während Ekman (1955) 11 Faktoren erhielt, extrahierten Lundberg und Devine (1975) aus dem gleichen Datenmaterial 7 Faktoren, Fillenbaum und Rapoport (1971, S. 107 f) halten dagegen eine zwei- oder dreidimensionale Lösung für angemessen.

Daß trotz dieser unterschiedlichen Voraussetzungen mehrfach ein

Lust–Unlust und ein Aktivierungsfaktor gefunden wurde, spricht für die Robustheit und Universalität dieser Dimensionen. Allerdings können mit diesen Dimensionen nicht sämtliche Gemeinsamkeiten und Unterschiede von Emotionen erklärt werden. In einer Einstufung verschiedener Emotionen auf den Skalen »angenehm–unangenehm« und »Ruhe–Erregung« (Schmidt-Atzert, 1980) traten fast identische Bewertungen von Zuneigung und Heiterkeit, von Freude und Liebe, Ekel und Furcht auf. Dennoch wird niemand bestreiten, daß sich diese Emotionen unterscheiden. Nur können die Unterschiede nicht durch die beiden Merkmalsdimensionen aufgezeigt werden. Dazu sind weitere Dimensionen notwendig. Die bekannten Untersuchungen können aber keine Antwort darauf geben, um welche es sich konkret dabei handelt.

3.3 Einteilung der Emotionen in Klassen

Anstatt Emotionen durch verschiedene Dimensionen zu beschreiben, kann man sie auch in *Klassen* jeweils einander ähnlicher Begriffe einteilen. Als Ausgangsmaterial dienen wiederum Ähnlichkeitseinstufungen. Ein und derselbe Datensatz kann u. U. sogar wahlweise dimensions- oder clusteranalytisch ausgewertet werden. So haben Dietze (1963) und auch Fillenbaum und Rapoport (1971) die Originaldaten von Ekman (1955) clusteranalytisch behandelt.

Die Ergebnisse einer Clusteranalyse von 60 Emotionen (Schmidt-Atzert, 1980) sind in Tab. 3 dargestellt. Aus einer Liste von 112 potentiellen Emotionsbezeichnungen (s. Tab. 1) wurden 60 ausgewählt, die nach dem Urteil studentischer Versuchspersonen am ehesten Emotionen bezeichnen. Diese 60 Begriffe wurden von anderen Versuchspersonen (N=20) in Stapel einander ähnlicher Emotionen sortiert. (Das Verfahren ist bei Miller, 1969 beschrieben). Aus diesen Rohdaten wurde eine Ähnlichkeitsmatrix erstellt und einer hierarchischen Clusteranalyse (Johnson, 1967) unterzogen.

Ob die so erhaltene Klassifikation der Emotionen valide ist, kann anhand eines Vergleiches mit ähnlichen Studien ermittelt werden. Als Vergleichsstudie bietet sich die Clusteranalyse von Dietze (1963) an, die weitgehend mit den Ergebnissen faktorenanalytischer Auswertungen (Ekman, 1955; Lundberg und Devine, 1975) und einer clusteranalytischen Auswertung (Fillenbaum und Rapoport, 1971) des gleichen Datenmaterials identisch ist. Weiterhin kann eine Untersuchung von Izard et al. (1974) herangezogen werden, in der Angaben zum momentanen Gefühlszustand von über 400 Versuchspersonen faktorisiert wurden.

Neun der zwölf Emotionsklassen finden in beiden oder zumindest in einer der beiden Analysen ein Äquivalent. Daß die Gruppen »Lust«, »Mitgefühl« und »Neid« weder bei Dietze (1963) noch bei Izard et al. (1974) vorkommen, liegt daran, daß in diesen beiden Untersuchungen

Tabelle 3: Ergebnisse einer Clusteranalyse von 60 Emotionen (nach Schmidt-Atzert, 1980)

Bezeichnung des Clusters	Zum Cluster gehörige Emotionen
Freude	Begeisterung, Erleichterung, Freude, Fröhlichkeit, Glück, Heiterkeit, Hochstimmung, Triumphgefühl, Übermut, Zufriedenheit
Lust	Begehren, Erregung, Leidenschaft, Lust, Verlangen
Zuneigung	Dankbarkeit, Liebe, Verehrung, Wohlwollen, Zärtlichkeit, Zuneigung
Mitgefühl	Mitgefühl, Mitleid, Rührung
Sehnsucht	Heimweh, Sehnsucht
Unruhe	Ungeduld, Unruhe
Abneigung	Abneigung, Abscheu, Ekel, Schadenfreude, Verachtung, Widerwille
Aggressionslust	Ärger, Aggressionslust, Gereiztheit, Groll, Haß, Trotz, Wut, Zorn
Traurigkeit	Frustration, Kummer, Niedergeschlagenheit, Sorge, Trauer, Traurigkeit, Unlust, Verstimmtheit
Verlegenheit	Reue, Scham, Verlegenheit
Neid	Eifersucht, Neid
Angst	Angst, Entsetzen, Furcht, Panik, Verzweiflung

entsprechende Emotionswörter völlig fehlen. Lediglich in einer Hinsicht erscheint die vorliegende Klassifikation veränderungsbedürftig. Izard et al. (1974) erhielten eine Gruppe »Überraschung«. Die dazugehörigen Begriffe müssen nach den Untersuchungen von Averill (1975) und Schmidt-Atzert (1980; s. a. Tab. 1) als Emotionswörter angesehen werden. »Überraschung« sollte also als weitere (13.) Emotionskategorie gelten.

Die hier diskutierte empirische Einteilung der Emotionen in 12 bzw. 13 unabhängige Klassen bedarf noch weiterer Überprüfungen. Insbesondere muß festgestellt werden, ob sie nicht methoden- und stichprobenabhängig ist. Sie zeigt jedoch, daß eine Reduktion des Emotionslexikons auf relativ wenige Grundqualitäten möglich ist. So stellt sich etwa heraus, daß Laien unter »Angst« und »Furcht« weitgehend das gleiche verstehen. Hinter den Begriffen »Begeisterung« und »Leidenschaft« scheinen sich dagegen unterschiedliche Befindlichkeiten zu verbergen. Bei »Begeisterung« handelt es sich um einen Ausdruck der Freude, »Leidenschaft« steht im Zusammenhang mit z. B. »Lust« und »Begehren« und hat damit eher Konnotationen zur sexuellen Begierde.

Bei der bisherigen Diskussion von Ordnungssystemen wurden Analysen von Stimmungsbegriffen absichtlich ausgeklammert. Stimmungsbegriffe überschneiden sich nur teilweise mit Emotionsbegriffen, es handelt sich hierbei also um ein eigenes Wortfeld. Im nächsten Abschnitt werden Methoden zur Messung der emotionalen Befindlichkeit vorgestellt. In diesem Zusammenhang erscheint es angebracht, auch auf Stimmungen einzugehen. Befunde zur Faktorenstruktur von Stimmungen werden daher in diesem Abschnitt kurz erwähnt.

3.4 Die Messung der emotionalen Befindlichkeit durch Fragebögen

Wie die Dimensions- und Clusteranalysen gezeigt haben, unterscheiden Menschen verschiedene emotionale Zustände. Einige Untersuchungen weisen auf sehr globale Beschreibungsdimensionen hin (Lust–Unlust, Aktivierung), andere dagegen auf verschiedene Klassen von Emotionen (Angst, Freude, Traurigkeit etc.). Besonders der letztgenannte Ansatz ist als theoretisches Grundgerüst für die Konstruktion von Fragebögen zur emotionalen Befindlichkeit geeignet. Wenn wir wissen wollen, wie sich jemand fühlt, müssen wir ihn nach den Emotionen oder Stimmungen fragen, die von den meisten Menschen als grundlegend für ihr Gefühlsleben angesehen werden. Welche Emotionen voneinander unterschieden werden und welche als untereinander ähnlich gelten, können wir den Systematisierungsversuchen entnehmen. Dabei sollte man sich an empirischen Ordnungsversuchen orientieren, wie sie im vorigen Abschnitt dargestellt wurden. Dennoch gibt es auch Ansätze, die von theoretisch begründeten Einteilungen der Emotionen ausgehen.

Das Konstruktionsprinzip von Fragebögen zur emotionalen Befindlichkeit ist einfach zu beschreiben. Aufgrund theoretischer oder empirischer Vorarbeiten sieht der Testkonstrukteur bestimmte Emotionen oder Stimmungen als elementar an. Nehmen wir einmal an, eine dieser Grundemotionen sei Traurigkeit. Diese Emotion kann nun entweder durch eine einzelne Skala oder durch mehrere Items erfaßt werden. Die Einzelskala kann so aussehen: »*Traurigkeit:* sehr stark – stark – mittel – schwach – überhaupt nicht vorhanden (Zutreffendes bitte ankreuzen).« Die Messung über mehrere Items kann folgendermaßen geschehen: »depressiv – traurig – niedergeschlagen – besorgt (Zutreffendes bitte ankreuzen)«. Diese Items, deren Zugehörigkeit zu einem Faktor oder Cluster »Traurigkeit« vorher belegt wurde, könnten in einer längeren Liste von Gefühlsbezeichnungen verteilt sein. Der Traurigkeitswert ist dann durch die Summe der positiven Antworten definiert. Natürlich könnte man an Stelle von ja-nein-Antworten auch mehrstufige Intensitätsskalen verwenden. Auch invertierte Items sind möglich, ein »Nein« bei »froh« oder »lustig« kann einen Punkt bei Traurigkeit ergeben (wenn diese Items auf einem Traurigkeitsfaktor negativ laden). Mit den übrigen Emotionen wird genauso verfahren wie mit der Traurigkeit.

Im englischen Sprachraum stehen verschiedene Fragebögen zur

Selbstbeschreibung von Emotionen und Stimmungen zur Verfügung. Am bedeutsamsten und bekanntesten ist ein Instrument, das Nowlis mit seinen Mitarbeitern zur Messung von Stimmungen entwickelt hat und von dem es inzwischen verschiedene Versionen gibt (s. Nowlis, 1965, 1970). Eine Kurzform der *Mood Adjective Check List* (MACL) besteht aus 33 Items (z. B. wütend, traurig, ängstlich) mit vier Antwortkategorien. Längere Versionen umfassen bis zu 200 Items. Die MACL wurde bereits in zahlreichen Untersuchungen verwendet, teils um die Faktorenstruktur der Stimmungen zu erforschen, teils um Stimmungsveränderungen (etwa durch Psychopharmaka) zu messen. Da sich das Instrument in ständiger Entwicklung befindet, schwankt die Zahl der jeweils extrahierten Faktoren etwas. Relativ gut bestätigt sind die Faktoren Aggression, Angst, Gute Laune (surgency), Hochstimmung, Konzentration, Müdigkeit, Soziale Zuneigung und Traurigkeit.

Während die Fragebögen von Nowlis zur Messung von Stimmungen konstruiert wurden, haben Izard et al. (1974; s. a. Izard, 1977) ein Instrument zur Selbstbeschreibung der eigenen Emotionen entwickelt. Die *Differential Emotions Scale* (DES) besteht aus 30 Adjektiven (z. B. überrascht, traurig, wütend) mit fünfstufigen Intensitätsskalen. Der Konstruktion der Skala liegt die Annahme zugrunde, daß es zehn fundamentale Emotionen gibt: Interesse, Freude, Überraschung, Unbehagen, Ärger, Ekel, Verachtung, Furcht, Scham/Schüchternheit und Schuld. Jeweils drei Adjektive repräsentieren eine der Emotionen. Die Eigenständigkeit der zehn Skalen wurde empirisch bestätigt. Eine modifizierte Version der DES erlaubt die Einstufung der Häufigkeit, mit der die zehn Emotionen auftreten.

Neben den genannten Instrumenten existieren noch weitere englischsprachige Verfahren zur Einstufung des Gefühlszustandes (s. Janke und Debus, 1978; Plutchik, 1980), die jedoch weniger bedeutsam sind.

An deutschsprachigen Verfahren ist zuerst die *Eigenschaftswörterliste* (EWL) von Janke und Debus (1978) zu erwähnen. Die Normalform umfaßt 161 Items (z. B. tatkräftig, konzentriert, müde, ärgerlich), die mit »trifft zu« oder »trifft nicht zu« beantwortet werden. Eine kürzere Version für psychiatrische Patienten besteht aus nur 123 Items. Die Auswertung erfolgt nach 15 Subskalen (bzw. 14 bei der kürzeren Version). Faktorenanalysen mit diesen Subskalen haben gezeigt, daß sie auf sechs Faktoren reduziert werden können. Die Faktoren wurden folgendermaßen benannt (in Klammern die dazugehörigen Subskalen): Leistungsbezogene Aktivität (Aktiviertheit, Konzentriertheit), Allgemeine Desaktivität (Desaktiviertheit, Müdigkeit, Benommenheit), Extraversion/Introversion (Extravertiertheit, Introvertiertheit), Allgemeines Wohlbehagen (Selbstsicherheit, Gehobene Stimmung), Emotionale Gereiztheit (Erregtheit, Empfindlichkeit, Ärger) und Angst (Ängstlichkeit, Deprimiertheit, Verträumtheit). Die Subskala »Konzentriertheit« fehlt in der kürzeren Version. Daß die Skalen nicht das gesamte Gefühlsspektrum abdecken, erklärt sich aus der Testentwicklung. Items, die keinen Zusammenhang zu in der Literatur erwähnten Stimmungs-Faktoren (z. B. Erregtheit, Ängstlichkeit) erkennen ließen, wurden eliminiert. Im Grunde handelt es sich bei der EWL um ein Verfahren zur allgemeinen Befindlichkeitsbeschreibung, das auch in der Emotionsforschung eingesetzt werden kann, primär aber für Anwendungsbereiche wie die Psychopharmakologie geeignet ist.

Ein von der Testentwicklung der EWL vergleichbares Instrument sind die *Skalen zur Einschätzung der Stimmung* (SES) von Hampel (1977). Eine Langform besteht aus 90 Items (z. B. lustig, kummervoll, zornig, gesammelt, träge, abgehetzt), die mit siebenstufigen Intensitätsskalen versehen sind (von »überhaupt nicht zutreffend« bis »vollkommen zutreffend«). Je 14 Adjektive repräsentieren die Faktoren bzw. Subskalen Gehobene Stimmung, Gedrückte Stimmung, Mißstimmung, Ausgeglichene Stimmung, Trägheit (Desaktiviertheit) und Müdigkeit. Sechs weitere Adjektive haben die Funktion von Pufferitems. Zwei Halbformen bestehen aus je 42 auszuwertenden Items. Die Korrelationen zwischen den Subskalen der SES und den entsprechenden Skalen der EWL sind relativ hoch und zeigen, daß beide Verfahren etwas Ähnliches messen.

Das *Emotionalitätsinventar* (EMI) von Ullrich und Ullrich (1977) wurde zur Messung von Therapieeffekten entwickelt. Es enthält 70 Items (z. B. gespannt–entspannt, Herzjagen–Herzruhe, sanft–zornig). Zu jedem Gegensatzpaar existiert eine sechsstufige Skala mit den Bezeichnungen »sehr«, »deutlich« und »eher«. Laut Instruktion sollen sich die Gefühlseinstufungen auf den Zeitraum der letzten Woche beziehen. Das EMI wird nach sieben Befindlichkeitsskalen ausgewertet: Ängstliches versus angstfreies Befinden, Depressive versus frohe Stimmung, Erschöpftes versus dynamisches Befinden, Aggressive versus nachgiebige Stimmung, Gehemmtes versus spontanes Befinden, Verlassenheits- versus Geborgenheitsgefühl und Gestörtes Allgemeinbefinden versus Wohlbefinden.

Die aufgrund einer Clusteranalyse als weitgehend voneinander unabhängig geltenden Emotionen Freude, Lust, Zuneigung, Mitgefühl, Sehnsucht, Aggressionslust, Traurigkeit, Verlegenheit, Unruhe, Abneigung, Neid und Angst (vgl. Kap. 3.3) wurden im Rahmen eines Experimentes zur Einstufung der Gefühle verwendet (Schmidt-Atzert, 1980). Die Versuchspersonen sahen entweder einen lustigen Film, einen Obduktionsfilm oder einen Film, in dem an einer Katze die Wirkung von Kokain demonstriert wurde. Anschließend stuften sie die Intensität ihrer Gefühle ein. Es zeigte sich, daß mit dieser Methode die emotionale Wirkung der drei Filme gut differenziert werden konnte. Mit diesen repräsentativ ausgewählten Einzelskalen ist also eine umfassende und zugleich ökonomische Messung des Gefühlszustandes möglich.

Die Methode der Selbstbeurteilung des eigenen Gefühls- oder Stimmungszustandes erlaubt die Unterscheidung einer extrem großen

Anzahl von Befindlichkeiten. In der Regel berichten die Befragten nicht nur eine Emotion oder Stimmung, sondern ein »Gemisch« verschiedener Grundbefindlichkeiten. Durch das gleichzeitige Vorkommen mehrerer Emotionen ergeben sich, mathematisch betrachtet, sehr viele Kombinationsmöglichkeiten. Diese Zahl vervielfältigt sich noch, wenn man unterschiedliche Ausprägungsgrade der einzelnen Gefühle berücksichtigt. Eine vergleichbare Differenzierung ist weder bei emotionalen physiologischen Reaktionen (vgl. Kap. 4.3) noch bei Gesichtsausdrücken (vgl. Kap. 5.3) möglich.

Der engere Anwendungsbereich der Gefühls- und Stimmungsmessung liegt sicherlich im therapeutischen Bereich, wenn es darum geht, die Effektivität einer psychotherapeutischen oder psychopharmakologischen Behandlung zu überprüfen. Es wäre aber auch denkbar, durch solche Einstufungen die Einwirkung bestimmter Umweltbedingungen (Lärm, Architektur, Freizeitangebot etc.) auf das subjektive Wohlbefinden zu untersuchen.

3.5 Der Erwerb von Wörtern zur Benennung von Emotionen

3.5.1 Allgemeine Überlegungen

Wie ist es möglich, daß ein Kind lernt, Wörter wie »Stuhl«, »Essen« oder »laufen« nicht nur richtig auszusprechen, sondern auch im richtigen Zusammenhang zu verwenden? Eine wichtige Voraussetzung dafür ist zweifellos, daß sein Sprachverhalten von anderen kontrolliert wird, daß es eine Rückmeldung darüber erhält, ob es ein Wort richtig oder falsch verwendet hat. Bezeichnet ein Kind beispielsweise einen Stuhl als »Tisch«, so merkt es wahrscheinlich, daß seine Mitteilung mißverstanden wird. Vielleicht belehrt man es sogar: »Nein, das ist kein Tisch, das ist ein Stuhl.«

Ein korrektes Lernen von Wörtern erscheint nur dann möglich, wenn die Sprachgemeinschaft die Richtigkeit des Wortgebrauchs kontrollieren kann. Dazu muß sie das gesprochene Wort mit dem, worauf es sich bezieht, vergleichen können. Subjektive Gefühle sind aber nur dem Individuum selbst erfahrbar. Wie kann die Sprachgemeinschaft einem Kind vermitteln, wie es seine Gefühle benennen soll? Ein Beispiel soll die Problematik verdeutlichen. Nehmen wir an, ein Kind und ein Erwachsener haben in der Hosentasche verschiedene Gegenstände, deren Bezeichnung das Kind nicht kennt. Das Kind soll die Bezeichnungen nun lernen, ohne daß die Gegenstände vorgezeigt werden. Der Erwachsene nimmt einen der Gegenstände, einen Bonbon, in die Hand und benennt ihn. Vielleicht erkennt das Kind, daß sich »Bonbon« auf einen Gegenstand in seiner Tasche bezieht und ergreift einen dieser Gegenstände, einen Nagel, und sagt »Bonbon«. Der Erwachsene hat keine Möglichkeit, die Korrektheit der Benennung zu überprüfen. Er könnte sich allenfalls durch verbale

Beschreibungen (»runder Gegenstand« etc.) von der Richtigkeit oder Falschheit der Benennung überzeugen. – Aber wie beschreibt man Kindern Gefühle?

Wie läßt sich erklären, daß bereits Zweijährige Emotionswörter wie »Angst« verwenden? Beispiele für frühe sprachliche Gefühlsäußerungen finden sich bei Stern und Stern (1928), die die Sprachentwicklung ihrer Kinder beschreiben. Die Kenntnis der Lernprinzipien, die den Erwerb eines Emotionsvokabulars ermöglichen, wird aufschlußreich für das »Wesen« der Emotionen sein. Sie trägt zur Beantwortung der Frage bei, ob subjektive Gefühle angeborene, allen Menschen gemeinsame Phänomene sind und in welcher Beziehung sie zu anderen emotionalen Phänomenen stehen.

3.5.2 Das Lernen von Emotionswörtern

Bevor wir theoretisch erörtern, wie ein Lernen von Gefühlsbezeichnungen möglich ist, soll anhand eines Beispiels aufgezeigt werden, wie solche Lernprozesse praktisch ablaufen können.

Jan ist zwei Jahre alt. Er spielt gerade mit bunten Bauklötzchen. Es gelingt ihm, fünf Klötzchen aufeinanderzustellen. Daraufhin holt er seine Mutter herbei und sagt: »Guck, Jan hat einen Turm gebaut«. »Jetzt bist du aber *stolz*«, antwortet die Mutter. Jan versucht nun, einen weiteren Stein auf den Turm zu setzen, wobei das Bauwerk zusammenstürzt. Jan beginnt zu weinen. »Sei nicht *traurig*«, tröstet ihn seine Mutter, »du kannst es noch einmal versuchen«.

Wir wissen nicht, was Jan empfand, als es ihm gelang, einen Turm zu bauen und als der Turm schließlich zusammenstürzte. Er zeigte jedoch ein Verhalten, das von seiner Mutter in dieser Situation als Stolz bzw. Traurigkeit bezeichnet wurde. Würden wir Jan längere Zeit beobachten, könnten wir vielleicht feststellen, daß diese Wörter auch bei anderen Gelegenheiten vorkommen und schließlich sogar von Jan selbst verwendet werden.

Wie für innere Zustände, die anderen nicht erfahrbar sind, sprachliche Bezeichnungen gelernt werden können, hat bereits den Philosophen Ludwig Wittgenstein (1889–1951) beschäftigt. Gebauer (1971) knüpft an die Überlegungen Wittgensteins an, indem er von »kriterien-bedingten Wörtern« spricht. Ein Empfindungswort darf nur dann angewandt werden, wenn bestimmte *öffentliche* »Kriterien« vorliegen. Diese »Kriterien« sind durch Konvention eingeführte Anwendungsbedingungen für Ausdrücke. »Werden ›kriterien-bedingte Wörter‹ verwendet, ohne daß für die anderen Sprachteilnehmer die entsprechenden ›Kriterien‹ vorliegen, dann erfährt der jeweilige Sprecher eine Korrektur durch die Sprachgemeinschaft« (S. 34). Auf diese Weise können sogar neue Gefühlswörter wie »Weltschmerz« eingeführt werden. Dieser Theorie zufolge muß nicht einmal angenommen werden, daß innere Gefühle (als Gegenstand der Empfindungswörter) existieren (s. a. Rembert, 1975).

Eine differenzierte Beschreibung des Lernens von Gefühlswörtern stammt von Skinner (1945, 1957). Er nennt vier Möglichkeiten, wie eine Sprachgemeinschaft einem Individuum die korrekte Bezeichnung von Gefühlszuständen lehren kann, ohne die Gefühle des Individuums zu kennen. Skinners Ausführungen beziehen sich auf private (d. h. nur dem Individuum erfahrbare) Zustände aller Art. Sie gelten also gleichermaßen für Zahnschmerzen wie für Emotionen. Die verschiedenen Lernprozesse schließen sich dabei nicht aus, sondern ergänzen sich.

1. Ein bestimmtes Wort gilt dann als angemessen, wenn eine öffentliche Begleiterscheinung des inneren Zustandes vorliegt. Beispielsweise spricht jemand von »Schmerz«, wenn eine Verletzung sichtbar ist, oder von »Freude«, wenn er ein Geschenk erhalten hat. Die Sprachgemeinschaft kontrolliert die »Richtigkeit« eines Wortes am Vorliegen der öffentlichen Phänomene. Bei Emotionen werden Situationsmerkmale relevant sein, die gemeinhin als Ursache für bestimmte Gefühle gelten. Wenn diese öffentlichen Erscheinungen häufig genug mit spezifischen inneren Zuständen einhergehen, kann das Wort auch auf den inneren Zustand übertragen werden. So wird vielleicht das Wort »Einsamkeit« anfangs beim Vorliegen sozialer Isolation, später auch beim Vorliegen eines damit einhergehenden Gefühlszustandes verwendet.

2. Wenn der innere Zustand von einer öffentlichen Reaktion begleitet wird, kann das Wort auf diese Reaktion bezogen werden und später dann auch zur Beschreibung des inneren Zustandes verwendet werden. Wörter wie »Freude«, »Angst« oder »Traurigkeit« beziehen sich auf mimische Reaktionen oder bestimmte Verhaltensweisen wie Lachen, Fliehen oder Weinen. Die Sprachgemeinschaft kann kontrollieren, ob sie richtig angewandt werden. Gehen mit einer gewissen Regelmäßigkeit spezifische Gefühle mit diesen öffentlichen Reaktionen einher, ist ein Transfer der Bezeichnungen auf diese inneren Zustände möglich.

3. Bereits gelernte Wörter können metaphorisch gebraucht werden. Wir sprechen von einem »stechenden« Schmerz oder einem »brennenden« Gefühl im Hals. Die Richtigkeit eines solchen Transfers kann allerdings nicht überprüft werden. Sarbin (1968) vermutet sogar, daß sich Emotionswörter etymologisch aus einem metaphorischen Gebrauch herleiten. Er versucht dies an dem Wort »anxiety« (Angst) zu belegen. In der deutschen Sprache lassen Wörter wie »Niedergeschlagenheit«, »Erleichterung«, »gerührt«, »bedrückt« oder »verstimmt« eine metaphorische Abstammung erkennen. Ältere Kinder werden vermutlich die Bedeutung dieser bildhaften Umschreibungen bestimmter Gefühle verstehen und diese Wörter in ihren Wortschatz integrieren.

4. Ein Wort bezieht sich ursprünglich auf eine öffentliche Reaktion. Wenn nun die Intensität dieser Reaktion abnimmt, ist sie u. U. für andere nicht mehr beobachtbar, sie ist dann also privater Natur. Das Individuum erlebt möglicherweise die abgeschwächte Reaktion immer noch und bezeichnet sie weiterhin mit dem dafür gelernten Wort. Ob dieses Lernprinzip auch

für subjektiv erlebte Emotionen relevant ist, erscheint jedoch fraglich. Denkbar wäre, daß wir eine im Ansatz unterdrückte Drohgebärde oder Angriffsbewegung, eine Anspannung der Muskeln, als »Wut« bezeichnen. Auf die gleiche Weise könnten »Angst«, »Freude« und andere Emotionsnamen auf bestimmte rudimentäre Verhaltensweisen angewandt werden.

Eine fünfte, von Skinner jedoch nicht explizit erwähnte Form des Lernens von Emotionsnamen setzt die Beherrschung von Sprache voraus. Ein Zuhörer kann sich vergewissern, ob der Sprecher die »richtige« Bezeichnung für seinen Gefühlszustand gewählt hat, indem er nachfragt, sich den Zustand näher beschreiben läßt. Dabei kann er sogar auf bereits gelernte Wörter zur Beschreibung anderer interner Zustände zurückgreifen.

3.5.3 Konsequenzen für das »Wesen« subjektiver Gefühlszustände

Folgt aus den Überlegungen Skinners zum Erwerb des Emotionsvokabulars, daß die internen Gefühlszustände (als Gegenstand von Emotionswörtern) bei allen Menschen gleich sind? Mit anderen Worten: empfinden Individuum x und y jeweils dasselbe, wenn sie ihr Gefühl als »Ekel«, »Angst«, »Freude« etc. bezeichnen?

Die wichtigsten der hier beschriebenen Lernprinzipien (Punkt 1 und 2) basieren auf der Kovariation eines privaten Gefühlszustandes mit einem öffentlichen Ereignis (einem bestimmten Gesichtsausdruck, einem äußeren Anlaß etc.). Die Sprachgemeinschaft benennt immer nur das öffentliche Ereignis. Sie kann die korrekte Verwendung des Emotionsvokabulars ebenfalls nur am Vorliegen solcher öffentlicher Ereignisse kontrollieren. Sie hat also keine Kontrolle darüber, welcher interne Gefühlszustand jeweils vorliegt; sie kennt nur die öffentlichen Begleiterscheinungen.

Wenn bei einem Individuum ein bestimmter Gesichtsausdruck (öffentlicher Zustand) ständig mit einem Brechreiz (interner Zustand) einhergeht und die Sprachgemeinschaft diesen Gesichtsausdruck »Ekel« nennt, wird das Individuum lernen, den *Brechreiz* »Ekel« zu nennen. Theoretisch ist es möglich, daß bei einem anderen Individuum der gleiche Gesichtsausdruck von einem anderen internen Zustand, beispielsweise Herzklopfen, begleitet wird. Dieses Individuum wird also lernen, sein *Herzkopfen* als »Ekel« zu bezeichnen. Beide Personen würden dann einen bestimmten inneren Zustand als »Ekel« bezeichnen – die eine Brechreiz und die andere Herzklopfen. Sofern die öffentlichen Begleiterscheinungen die gleichen sind, wird dieses Sprachverhalten von der Sprachgemeinschaft bekräftigt. – Das Beispiel zeigt, daß aus den o. g. Lernprozessen nicht stringent abgeleitet werden kann, daß der (private) Gegenstand von Emotionsbezeichnungen wie »Angst«, »Ekel« oder »Freude« ein einheitlicher, angeborener, bei allen Menschen gleicher Zustand sein muß.

Wären subjektive Gefühle bei allen Menschen einheitliche Zustände, für die lediglich eine sprachliche Bezeichnung gelernt wird, so müßten die

Emotionsnamen in unterschiedlichen Sprachen die gleiche Bedeutung haben. Welchen Namen ein Gefühl erhält, wäre demnach gleichgültig. Ob ein bestimmter Zustand »Furcht« oder »fear« heißt, wäre egal – der interne Gefühlszustand wäre derselbe.

Diese Schlußfolgerung wird von kulturvergleichenden Untersuchungen keineswegs bestätigt. Vielmehr finden sich zahlreiche Hinweise, daß sich hinter scheinbar gleichen Namen unterschiedliche Befindlichkeiten verbergen. Hofstätter (1966, S. 264) hat darauf hingewiesen, daß für Amerikaner der Begriff »lonesomeness« eine andere Bedeutung hat als für Deutsche das Übersetzungsäquivalent »Einsamkeit«. Während ein Deutscher vielleicht sogar auf seine Einsamkeit stolz ist, verbindet ein Amerikaner mit »lonesomeness« eher Angst und Fehlen von Liebe. In der bereits zitierten Studie von Yoshida et al. (1970) lagen die mit »Unanständigkeit« und »Neugierde« übersetzten Begriffe dicht auf einem Faktor beieinander. Es ist anzunehmen, daß sie für Japaner eine ähnliche Bedeutung haben. Weiterhin bildeten »Verachtung« und »Stolz« einen Gegensatz zu »Angst« und »Furcht«. Auch diese Einordnung ist für einen Deutschen schwer nachzuvollziehen. Block (1957) verglich die Ähnlichkeitsstruktur von 15 Emotionsnamen, die mit amerikanischen Versuchspersonen gewonnen wurde, mit der von norwegischen Versuchspersonen. Der Korrelationskoeffizient von r = .69 deutet zwar auf eine grobe Übereinstimmung hin, doch zeigen sich im Detail einige gravierende Unterschiede. Beispielsweise gelten bei den amerikanischen Versuchspersonen »Kummer« (grief) und »Schuld« (guilt) als relativ ähnlich (r = .83), bei den norwegischen dagegen als unähnlich (r = .06). Izard (1971) berichtet von einer kulturvergleichenden Untersuchung mit Amerikanern, Engländern, Deutschen, Schweden, Franzosen, Griechen und Japanern. Es wurden die Einstellungen zu acht Emotionen erfragt. Trotz zahlreicher Gemeinsamkeiten trat eine Reihe von Unterschieden auf. So fürchten die meisten Amerikaner am ehesten die Emotionen Furcht/Entsetzen, die meisten Japaner jedoch Ekel/Verachtung. Dor-Shav und Dor-Shav (1978) ließen von Amerikanern, Israelis, Japanern und Nepalesen vier Emotionen auf einem Semantischen Differential einstufen. Die Ergebnisse der Nepalesen wichen am stärksten von den übrigen ab, was darauf hindeutet, daß mit der Kulturverschiedenheit die Unterschiedlichkeit der Emotionsbedeutungen wächst. In einigen Fällen sind Emotionsnamen in verschiedenen Sprachen nicht nur bedeutungsverschieden, sondern es fehlt sogar überhaupt eine adäquate Übersetzung. So ist »Schadenfreude« nicht direkt ins Englische übersetzbar. Weitere Beispiele finden sich bei DeRivera (1977, S. 124 ff).

Aus diesen Kultur- bzw. Sprachvergleichen geht deutlich hervor, daß sich hinter den Emotionswörtern verschiedener Sprachen nicht immer die gleichen Phänomene verbergen können. Was sich zwischen verschiedenen Kulturen als systematischer Unterschied zeigt, kann innerhalb einer Kultur als unsystematischer Effekt auftreten: verschiedene Mitglieder einer Kultur oder Sprachgemeinschaft werden unter ein und demselben Wort teilweise unterschiedliche subjektive Gefühle verstehen. Offenbar handelt es sich bei unseren Gefühlen nicht um klar abgrenzbare, einheitliche innere Zustände, die nur noch auf ihre sprachliche Benennung warten. Was jemand unter einem bestimmten Emotionswort versteht, scheint zumindest teilweise ein Resultat sprachlicher Lernprozesse zu sein.

Das genaue Gegenteil eines exakten Lernens von Wortbedeutungen, nämlich totale Konfusion, scheint indessen auch nicht vorzuliegen. Wäre die Bedeutung von Wörtern wie »Angst« und »Liebe« individuell völlig verschieden, hätten sie keinen Kommunikationswert. Es wäre dann sinnlos, über Gefühle zu sprechen. Der andere wüßte nicht, was man damit meint. Nach dem darwinistischen Prinzip des »Überlebens des Fähigsten« hätten Emotionswörter keine Existenzberechtigung und müßten aus einer Sprache allmählich verschwinden. Die Reichhaltigkeit unserer Sprache an Emotionswörtern sowie der häufige Gebrauch dieser Begriffe belegen, daß sie für die Kommunikation nützlich sind und daher ihre Bedeutung nicht völlig beliebig sein kann.

Wie der Gegenstand von Emotionsbezeichnungen beschaffen ist, kann aufgrund unseres bisherigen Wissens nicht festgestellt werden. Wir wissen lediglich, daß sich hinter bestimmten Wörtern nicht bei allen Menschen das gleiche verbirgt und daß diese privaten Zustände zumindest innerhalb einer Sprachgemeinschaft mit bestimmten öffentlichen Ereignissen kovariieren müssen. Ohne diese Kovariation wäre kein Lernen von Emotionsnamen möglich. Der Zusammenhang zwischen öffentlichen und privaten Zuständen kann jedoch sehr locker sein. Im folgenden wird kommentarlos ein Erklärungsversuch für das »Wesen« der Gefühle wiedergegeben, der mit den oben beschriebenen Erkenntnissen nicht im Widerspruch steht, der aber andererseits auch nicht logisch aus ihnen abgeleitet werden kann. Damit soll lediglich demonstriert werden, daß sich hinter Wörtern wie »Angst« oder »Wut« nicht notwendigerweise ein mystisches Geschehen verbirgt.

. . Ich bin wütend kann die Veränderungen in den Drüsen oder der glatten Muskulatur beschreiben, wie sie in der Physiologie der Emotionen untersucht werden; es kann ein Bericht über einen Gesichtsausdruck (den man vielleicht in einem Spiegel gesehen hat) oder über einen Wutschrei . . . oder die Lust, einen solchen Schrei auszustoßen, sein oder es kann die Beschreibung der Lust des Sprechers sein, aggressiv zu handeln. Die Gemeinschaft hat die Reaktion *Ich bin wütend* auf der Grundlage beobachtbarer Aspekte solchen Verhaltens oder anderer öffentlicher Begleiterscheinungen etabliert und das reife Individuum kann den Ausdruck mit einiger Genauigkeit verwenden, wenn die auslösenden Reize nun privat sind (Skinner, 1957, S. 217 f).

3.6 Zusammenfassung

Am Anfang dieses Kapitels wurde gezeigt, daß in unserer Sprache zahlreiche Begriffe zur Benennung von subjektiven Gefühlszuständen vorliegen. In vielen Fällen ist keine klare Aussage möglich, ob ein bestimmtes Wort eine Emotion bezeichnet oder nicht, es läßt sich nur die subjektive Wahrscheinlichkeit angeben, ob es sich um ein Emotionswort handelt oder nicht.

Die Vielfalt der Emotionsbezeichnungen kann empirisch auf wenige Grunddimensionen oder Klassen von Emotionen reduziert werden. Dimensionsanalytische Ansätze führen meist zu den Faktoren »Lust–Unlust« und »Aktivierung«; bezüglich weiterer Faktoren herrscht keine Übereinstimmung. Diese beiden Dimensionen scheinen für die Charakterisierung von Gefühlen wichtig zu sein – für eine Differenzierung aller Emotionen reichen sie jedoch nicht aus. Klassifikationsansätze führen zu etwa einem Dutzend separater Emotionsgruppen (z. B. Angst, Traurigkeit, Freude). Wählt man aus jeder dieser Gruppen ein Wort aus, so läßt sich auf ökonomische Weise mit einer solchen Auswahl das gesamte Spektrum der Emotionen repräsentieren.

Auf diesem Prinzip beruhen verschiedene Verfahren zur Messung der emotionalen Befindlichkeit. Jede Grundqualität der Emotionen bzw. Stimmungen wird durch ein oder mehrere Items abgedeckt. Die Probanden geben an, ob bzw. wie gut die Wörter für ihr Befinden zutreffen. Auf diese Weise läßt sich ein differenziertes Bild der Gefühle eines Individuums gewinnen.

Die Frage nach dem Erwerb eines Emotionsvokabulars berührt zugleich die Frage nach dem »Wesen« der Emotionen. Es läßt sich zeigen, daß auf verschiedene Weisen Bezeichnungen für subjektive, private Zustände gelernt werden können, ohne daß die Sprachgemeinschaft die jeweiligen Empfindungen des Individuums kennt. Wörter für innere Zustände beziehen sich zunächst auf öffentliche Begleiterscheinungen dieser Zustände. Der Sprachgebrauch wird anhand dieser öffentlichen Merkmale normiert. Das Individuum kann später einen Transfer auf subjektive Gefühle vornehmen. Aus diesen Lernprinzipien folgt keineswegs, daß emotionales Erleben eine bei allen Menschen gleiche, angeborene Reaktion sein muß. Kulturvergleichende Untersuchungen deuten vielmehr darauf hin, daß der Gegenstand von Emotionswörtern teilweise durch die Sprache strukturiert wird.

4. Physiologische Reaktionen bei Emotionen

4.0 Vorbemerkungen

Womit sich dieses Kapitel beschäftigt, soll durch ein kleines Beispiel illustriert werden:

Hans G. wird in wenigen Minuten in einem Seminar ein Referat halten. Während noch einige Studenten in den Seminarraum eintreten und sich einen Platz suchen, überfliegt er schnell noch einmal seine Aufzeichnungen. Er bemerkt dabei, daß sein Herz klopft und seine Hände feucht werden. Seine Muskeln sind ungewöhnlich stark angespannt. Hans denkt sich: ich habe Angst, vor so vielen Leuten ein Referat zu halten.

Solche oder ähnliche Erfahrungen hat schon jeder gemacht. Bei starken emotionalen Zuständen (Angst, Freude, Wut etc.) beobachten wir häufig *physiologische Veränderungen*. Das Herz schlägt vielleicht schneller, die Atmung wird flacher, die Hände fühlen sich feucht an, man bekommt einen roten Kopf etc. In der Umgangssprache spiegeln sich diese Zusammenhänge zwischen Emotionen und körperlichen Veränderungen in Redewendungen wie »das Herz schlägt aus Angst bis zum Hals« oder »er wird aus Verlegenheit ganz rot« wider.

Die Emotionsforschung hat sich schon sehr früh mit dem Phänomen der physiologischen Veränderungen bei Emotionen beschäftigt (s. 2.1.3). Die ständige Verbesserung der physiologischen Meßgeräte hat zu einer Meßgenauigkeit geführt, die uns bei anderen Zugangsweisen zu den Emotionen (Selbstbeschreibung und Verhaltensbeobachtung) fremd ist. Darüber hinaus kann man heute gleichzeitig verschiedene physiologische Messungen vornehmen. Es ist beispielsweise möglich, gleichzeitig die Herz- und Atemfrequenz, den Blutdruck, die elektrische Leitfähigkeit der Haut, Muskelpotentiale und Gehirnströme zu messen.

Während uns die Möglichkeiten einer präzisen, umfassenden Messung physiologischer Reaktionen optimistisch stimmen, gibt uns ein anderes Problem zu denken. Physiologische Veränderungen kommen nicht nur bei Emotionen vor. Sie sind sogar weitaus typischer für körperliche Belastungen jeglicher Art. Treppen steigen, radfahren, heben schwerer Gegenstände etc. verursachen ebenfalls physiologische Reaktionen. Die eigentliche Funktion der Körperorgane wie Herz, Lunge, Muskeln und Schweißdrüsen scheint in der Anpassung des Gesamtorganismus an Anforderungen der o. g. Art zu bestehen. Für den physiologischen Zugang zu den Emotionen entsteht somit ein Unterscheidungsproblem.

In diesem Kapitel wird zunächst berichtet, wie der Zusammenhang zwischen Emotionen und physiologischen Reaktionen experimentell untersucht wird und welche Ergebnisse diese Forschung hervorgebracht hat. Auf die Darstellung der physiologischen Meßmethoden muß dabei aus

Platzgründen verzichtet werden. Der Leser sei hier auf Becker-Carus et al. (1979) verwiesen. Eine knappe Einführung in die Physiologie des autonomen Nervensystems erscheint dagegen zum Verständnis der physiologischen Reaktionen erforderlich und wird daher im ersten Abschnitt den empirischen Befunden vorangestellt. Die Gliederung der nächsten beiden Abschnitte richtet sich nach den experimentellen Methoden zur Herstellung von Emotionen. Im zweiten Teil werden Untersuchungen dargestellt, die auf einem Vergleich zwischen einer neutralen und einer emotionalen Situation beruhen. Hierbei wird nach physiologischen Veränderungen gesucht, die (vermutlich) allen Emotionen gemeinsam sind. Der dritte Teil beschäftigt sich dann mit Arbeiten, in denen ein Vergleich der physiologischen Reaktionen verschiedener Emotionen angestrebt wird. In diesem Zusammenhang sind auch Untersuchungen zu berichten, in welchen die physiologischen Messungen durch Einstufungen der körperlichen Symptome ersetzt wurden.

Neben den peripher meßbaren physiologischen Reaktionen (Veränderungen von Herzfrequenz, Blutdruck etc.) können bei Emotionen auch biochemische Veränderungen auftreten. Diese sind primär durch Blut- und Urinanalysen nachweisbar. Auf entsprechende Untersuchungen wird hier nicht eingegangen. Stattdessen sei auf Levi (1975), Selye (1980) und Simon et al. (1961) verwiesen.

Der vierte Abschnitt gilt der Frage, wie die emotionalen physiologischen Reaktionen entstehen können. Gehören sie zur biologischen Grundausstattung des Menschen; sind sie also angeboren? Oder werden sie im Laufe der Sozialisation gelernt? Wie ist ein solches Lernen möglich?

Zum Begriff der *emotionalen* physiologischen Reaktion ist noch ein klärendes Wort erforderlich. Emotionen können bisher nicht durch eine bestimmte physiologische Reaktion definiert werden. Das Vorhandensein einer Emotion kann nur durch den Bericht über ein subjektives Gefühl und/oder die Beobachtung eines bestimmten Verhaltens bestätigt werden. Nur auf diesen beiden Meßebenen kann zwischen Emotionen und Nichtemotionen unterschieden werden. Manchmal ist man geneigt, dann eine Emotion anzunehmen, wenn auf einen »emotionalen Reiz« (z. B. den Anblick einer Schlange, eine frohe oder eine traurige Nachricht) eine physiologische Reaktion erfolgt. Aber Reize an sich sind nicht »emotional«; sie gelten als »emotional«, weil sie mit einer gewissen Wahrscheinlichkeit zu bestimmten Gefühlen oder bestimmten Verhaltensweisen führen! Eine »emotionale physiologische Reaktion« ist also eine physiologische Reaktion beim gleichzeitigen Vorliegen eines emotionalen Verhaltens und/oder einer subjektiven Emotion. Daran ändert sich auch nichts, wenn auf die Messung des Gefühls oder des Verhaltens u. U. verzichtet wird. Gegenstand dieses Kapitels sind im Grunde also die physiologischen Veränderungen (oder auch Nichtveränderungen) bei subjektiven Emotionen bzw. bei emotionalem Verhalten.

Bevor wir zu experimentellen Untersuchungen zur Auswirkung emotionaler Reize auf verschiedene physiologische Reaktionen kommen, sind einige Ausführungen über die physiologischen und anatomischen Grundlagen dieser Reaktion notwendig.

Was muß im Körper geschehen, damit sich z. B. die Herzfrequenz verändert? Es braucht hier nicht diskutiert zu werden, daß die Verarbeitung emotionaler Reize im Gehirn stattfindet und welche Strukturen des Gehirns auf welche Weise dabei eine Rolle spielen. Es sei nur erwähnt, daß es bezüglich der Neurophysiologie und Neuroanatomie von Emotionen unterschiedliche Theorien gibt, die zum Teil recht spekulativ sind. Eine gute Übersicht zu den verschiedenen Erklärungsansätzen gibt z. B. Grossman (1967; s. a. Kap. 6.0). Hier soll nur kurz dargestellt werden, wie die Nervenimpulse vom Gehirn zu den Endorganen gelangen und welche Veränderungen sie dort bewirken.

Die Verbindung zwischen dem Gehirn und den Endorganen (Herz, Lunge, Magen, Haut etc.) wird über das sog. autonome Nervensystem hergestellt, das manchmal auch vegetatives Nervensystem genannt wird.

Das autonome Nervensystem (s. Abb. 3) kann anatomisch in einen sog. sympathischen und einen parasympathischen Teil untergliedert werden. Der Sympathikus tritt im Brust- und Lendenbereich aus dem Rückenmark aus. Der Parasympathikus entspringt teilweise dem Hirnstamm und teilweise dem unteren Rückenmark.

Man darf sich die Verbindung Gehirn – Endorgan jedoch nicht als eine direkte »Nervenleitung« vorstellen. Vielmehr sind Schaltstellen vorhanden, in denen die Nervenimpulse durch einen biochemischen Vorgang von einer Nervenfaser auf eine andere weitergeleitet werden. Auch am Endorgan findet eine solche Erregungsübertragung statt. Die Erregungsübertragung zwischen den Nervenzellen erfolgt u. a. durch Acetycholin. Diese Substanz ist beim Parasympathikus auch für die Erregungsübertragung auf die Endorgane verantwortlich. Beim Sympathikus dient dagegen Adrenalin und Noradrenalin als Übertragungssubstanz. Allerdings gibt es hier einige Ausnahmen. Beispielsweise werden die Schweißdrüsen zwar vom Sympathikus innerviert, die Erregungsübertragung erfolgt dennoch durch Acetycholin.

Die Erregungsübertragung durch unterschiedliche chemische Substanzen hat eine wichtige Konsequenz. Bestimmte Stoffe können, wenn sie an die Übertragungsstellen gelangen, die Erregungsübertragung hemmen oder fördern. Durch einen erhöhten Adrenalin- oder Noradrenalinspiegel im Blut wird nicht etwa die Erregungsfortleitung im gesamten sympathischen Nervensystem verbessert. Die Erregungsübertragung an den Schweißdrüsen wird beispielsweise nicht gesteigert.

Der Körper produziert selbst Substanzen, die sich auf die Fortleitung von Impulsen des autonomen Nervensystems auswirken. So wird im

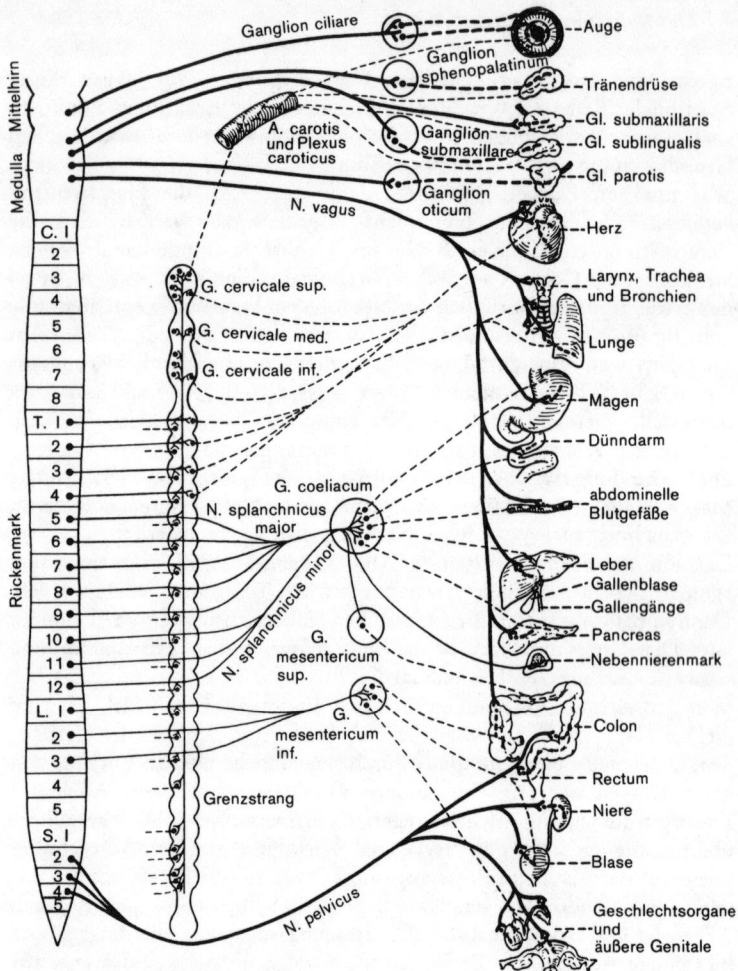

Abb. 3: Schematische Darstellung des autonomen Nervensystems
(Dicke Linien: parasympathische, dünne: sympathische Nervenfasern.)
(Aus W. B. Youmans. Fundamentals of human physiology. [2nd ed.]. Year Book,
1962; mit freundlicher Genehmigung des Autors.)

Nebennierenmark, das übrigens vom Sympathikus innerviert wird,
Adrenalin und Noradrenalin hergestellt und ins Blut ausgeschüttet. Aber
auch zahlreiche körperfremde Stoffe (z. B. Nikotin) können die
biochemische Erregungsübertragung hemmen oder fördern. Die Wirkung
dieser Substanzen ist auf eine der beiden Arten von Übertragungsmecha-
nismen beschränkt.

Fast alle Endorgane werden sowohl vom Sympathikus als auch vom Parasympathikus versorgt. Beide üben auf die Organe eine unterschiedliche Wirkung aus. Hier einige Beispiele: Wird der Sinusknoten (derjenige Teil des Herzens, der normalerweise die Herzfrequenz steuert) vom Sympathikus mit Impulsen versorgt, so steigt die Herzfrequenz an. Eine Aktivierung des Parasympathikus führt zur Abnahme der Herzfrequenz – bis hin zum Herzstillstand. Die Magenbewegungen nehmen bei Sympathikusaktivität ab und bei Parasympathikusaktivität zu. Die Schweißdrüsen der Haut werden durch beide Teile des autonomen Nervensystems zur Sekretion angeregt.

Die Innervation der Endorgane ist tatsächlich komplizierter, als es nach dieser kurzen Einführung erscheint. Eine differenzierte Darstellung dieser Prozesse findet sich in Lehrbüchern der Physiologie (z. B. Ganong, 1971; Keidel, 1970); neuere Forschungsergebnisse werden in Brooks et al. (1979) mitgeteilt. Die Vorstellung, das autonome Nervensystem sei eine Art Verbindungsleitung zwischen Gehirn und Endorganen, die sozusagen auf Knopfdruck von oben sympathische oder parasympathische Aktivitäten der Endorgane auslöst, wird den tatsächlichen Gegebenheiten nicht gerecht. Daher ist auch die Erregungstheorie Cannons (1975; s. a. Kap. 2.1.3) kritisch zu betrachten. Cannon nahm an, daß bei starken Emotionen der Sympathikus aktiviert wird und eine allgemeine physiologische Aktivierung (Erhöhung der Herzfrequenz und des Blutdrucks, Verengung der peripheren Blutgefäße etc.) auslöst. Welche physiologischen Reaktionen bei Emotionen auftreten, ist weiterhin eine empirische Frage.

4.2 Allgemeine physiologische Erregung bei Emotionen

Eine Reihe von Untersuchungen hat sich mit der Frage beschäftigt, ob sich emotionale Zustände (vgl. 4.0) von nichtemotionalen unterscheiden. Mit anderen Worten: zeigen wir andere physiologische Reaktionen, wenn wir eine Emotion haben? Das Vorgehen ist dabei, wenn man von methodischen Details absieht, relativ einfach. Im Laborexperiment werden durch ausgewählte Reize Emotionen (vgl. 4.0) erzeugt. Statt realer Reize können auch vorgestellte oder suggerierte verwendet werden. Mit Hilfe geeigneter Registrierapparate werden nun die physiologischen Veränderungen während des neutralen und des emotionalen Zustandes gemessen. Welche Variablen erfaßt werden, bleibt dem jeweiligen Untersucher überlassen. Er kann sich auf eine einzige Variable (z. B. Hautwiderstand) beschränken oder aber auch viele Reaktionsweisen messen. In der Regel erfolgt eine Kontrolle der emotionalen Wirkung des Reizes auf der psychologischen Ebene.

Über das Verursachungsprinzip ist im Grunde nur eine abgesicherte Aussage möglich: Durch die Stimulation wird (direkt oder indirekt) eine physiologische Reaktion erzeugt; die gleiche Stimulation bewirkt auch (direkt oder indirekt) eine subjektive Gefühlsreaktion und/oder ein bestimmtes emotionales Verhalten. Wer behauptet, die physiologische Reaktion sei die Folge einer Emotion (was immer das ist), interpretiert das Beobachtete auf eine höchst spekulative Weise. Ob zwischen dem subjektiven Gefühl oder dem Verhalten einerseits und der physiologischen Reaktion andererseits irgendeine kausale Beziehung besteht, kann durch eine solche Versuchsanordnung nicht überprüft werden (zur Kausalität siehe Kap. 6).

Das methodische Vorgehen soll anhand einer konkreten Untersuchung verdeutlicht werden. Dazu soll ein Experiment von Mordkoff (1964) ausführlich dargestellt werden; weniger relevante Versuchsbedingungen werden jedoch außer acht gelassen.

In dem Experiment wurde den Versuchspersonen ein Film gezeigt, in dem zu sehen war, wie Eingeborene mit primitiven Instrumenten Beschneidungen durchführten. Die Versuchspersonen nahmen einzeln am Experiment teil. Nachdem sie auf einem bequemen Stuhl Platz genommen hatten, wurden ihnen Elektroden zur Messung der Hautleitfähigkeit und der Herzfrequenz angelegt. Die Atemfrequenz wurde mit Hilfe eines um die Brust gelegten dehnbaren Gurtes gemessen. Die Messungen erfolgten fortlaufend während des gesamten Versuches. Um die Auswirkung des Filmes auf den Gefühlszustand zu erfassen, wurde der Film nach jeweils 25 Sek. kurz angehalten. Während dieser Unterbrechungen stuften die Versuchspersonen mit Hilfe eines Hebels, der einen Lichtpunkt über eine Leuchtskala bewegte, ihre momentanen Gefühle ein. Eine Kontrollbedingung ohne diese Einstufungen zeigte übrigens, daß dadurch die physiologischen Reaktionen nicht beeinflußt wurden.

Die wichtigsten Ergebnisse sind folgende:

1) Es erwies sich als ziemlich unbedeutend für die Gefühlseinstufung, ob die Skala »Lust–Unlust«, »Ruhe–Erregung« oder »Entspannung–Spannung« benannt wurde. Die Verlaufskurven waren fast identisch.

2) Die über alle Versuchspersonen berechneten Verlaufskurven der physiologischen Variablen korrespondierten unterschiedlich gut mit dem Gefühlsverlauf, am besten die Hautleitfähigkeit, am schlechtesten die Atemfrequenz und -amplitude. Die beiden letztgenannten Maße zeigen im Grunde keine Übereinstimmung mit dem Gefühlsverlauf. Die für jede einzelne Versuchsperson berechnete multiple Korrelation zwischen den Gefühlseinstufungen und den physiologischen Variablen beträgt im Durchschnitt $R = .51$, was als mittelstarker Zusammenhang zwischen Gefühlseinstufung und physiologischer Reaktion angesehen werden kann.

Mit dem gleichen Beschneidungsfilm als Stimulus wurden von Lazarus und Mitarbeitern weitere Untersuchungen durchgeführt. Lazarus et al. (1962) verglichen die physiologischen Reaktionen von Versuchspersonen miteinander, die entweder den Beschneidungsfilm oder einen harmlosen Film sahen. Beide Gruppen unterschieden sich wie erwartet in der

Herzfrequenz und der Hautleitfähigkeit. Darüber hinaus zeigte sich in der Experimentalgruppe eine Beziehung zwischen dem Filminhalt (Vorkommen von Beschneidungsszenen) und der Verlaufskurve der Hautleitfähigkeit sowie dem Auftreten starker Herzfrequenzanstiege. Die subjektive Wirkung des Filmes konnte übrigens durch ein Interview und durch Stimmungseinstufungen gesichert werden. Speisman et al. (1964) unterteilten den Film in Abschnitte mit neutralen Szenen, Szenen mit Nacktheit und solche mit Operationen. Die Versuchspersonen sahen nacheinander alle Teile des Films. Dazwischen sowie davor und danach stuften sie ihre Gefühle ein. Die Gefühlseinstufungen zeigten, daß die psychische Wirkung der Operationsszenen stärker als die der Nacktszenen und diese stärker als die der neutralen Szenen war. Herzfrequenz und Hautwiderstand ließen dagegen nur eine Differenzierung zwischen den Operationsszenen und den beiden anderen Szenen zu.

Lazarus et al. (1966) verglichen die Veränderungen der Hautleitfähigkeit sowie der subjektiven Befindlichkeit von Amerikanern mit denen von Japanern. Die Einstufungsmethode war ähnlich wie bei Mordkoff (1964). Während die subjektiven Reaktionen einen erstaunlich ähnlichen Verlauf zeigten, traten auf der physiologischen Meßebene erhebliche Unterschiede zutage. Im Gegensatz zu den Amerikanern waren bei den Japanern bereits während eines vorangestellten harmlosen Kontrollfilms starke physiologische Reaktionen zu beobachten, die auf der Erlebnisebene kein Pendant hatten. Auch während des Beschneidungsfilms waren deutliche Niveauunterschiede in der Hautleitfähigkeit zu beobachten: die Japaner reagierten stärker.

Neben dem erwähnten Beschneidungsfilm fand auch ein Film Verwendung, in dem Unfälle am Arbeitsplatz gezeigt wurden. In Untersuchungen von Opton (1966) und Averill et al. (1972) stiegen bei den Versuchspersonen während der Unfallszene Herzfrequenz und Hautleitfähigkeit an.

Die beschriebenen Untersuchungen zur subjektiv-emotionalen und physiologischen Wirkung ausgewählter Filme zeigen deutlich, daß ein grober Zusammenhang zwischen beiden Reaktionsmodi besteht. Die Gefühlseinstufungen spiegeln den inhaltlichen Verlauf des Filmes jedoch deutlicher wider als die physiologischen Messungen. Ungeklärt bleibt vor allem das mehrmals berichtete Auseinanderscheren von subjektiver Gefühlsstärke und Hautleitfähigkeit gegen Ende des Beschneidungsfilmes.

Filme stellen für die Versuchspersonen keine reale Bedrohung dar. Vermutlich lösen sie ebenso wie die Lektüre eines spannenden Buches oder der Gedanke an ein zurückliegendes Ereignis bestimmte Vorstellungen aus. Wenn es gelingt, mit Hilfe von Filmen Emotionen zu erzeugen, so sollte dies auch mit anderen Mitteln möglich sein. Im folgenden werden einige Untersuchungen berichtet, in denen auf andere Weise *vorgestellte*, d. h. nicht reale Reize zur Erzeugung von Emotionen verwendet wurden.

Weitere Untersuchungen dieser Art sowie theoretische Überlegungen zum Vorstellen von Reizen finden sich bei Lang (1979).

In einem Experiment von Schwartz (1971) sahen die Versuchspersonen die Stimuli nicht, sondern sollten lediglich auf ein akustisches Signal hin daran denken. Die Signale folgten in einem Abstand von 1,25 Sek. Die Versuchspersonen sollten entweder an die Buchstaben A, B, C, D oder an vier einsilbige, emotional bedeutsame Wörter (z. B. Sex, Tod) denken. Als abhängige Variable wurde die Herzfrequenz gemessen. Es zeigte sich, daß die emotionale Serie zu einer höheren Herzfrequenz führte als die neutrale.

Becker (1972) spielte seinen Versuchspersonen die Tonbandaufnahme einer Naturschilderung und einer Kriminalgeschichte vor. Letztere führte bei den Versuchspersonen zu einer stärkeren subjektiven Spannung sowie zu verschiedenen EEG-Veränderungen, die allerdings nicht eindeutig als Ausdruck höherer Aktivierung interpretierbar sind.

Traxel (1959, 1960) projizierte nacheinander verschiedene Reizwortpaare (z. B. Knopf – Tod) auf eine Leinwand. Die Versuchspersonen sollten die Wörter auf sich einwirken lassen und anschließend die Intensität der durch sie ausgelösten Gefühle vergleichen. Es zeigte sich, daß das stärkere Gefühl in der Regel auch von dem stärkeren Anstieg der Hautleitfähigkeit begleitet wurde.

Cerny et al. (1974) forderten ihre Versuchspersonen auf, sich insgesamt fünf verschiedene Emotionen vorzustellen. Es wurde der Blutdruck und die Herzfrequenz gemessen. Beide Variablen stiegen während der Emotionen an. Die gleichen Emotionen wurden in einem zweiten Versuchsdurchgang durch Hypnose erzeugt. Auf der physiologischen Ebene war kein Unterschied zur ersten Methode festzustellen, obwohl nach Angaben der Versuchspersonen und nach Verhaltensbeobachtungen zu urteilen, die hypnotisch induzierten Emotionen stärker waren.

Bei Untersuchungen zur Auswirkung *realer* Stimuli auf physiologische Variablen dominieren solche, in denen Angst ausgelöst wurde. Eine typische Versuchsanordnung besteht darin, den Versuchspersonen gefährlich aussehende Elektroden anzulegen und mit irgendeiner Begründung Elektroschocks anzukündigen. Es ist nicht möglich, hier alle Experimente darzustellen, denen diese Versuchssituation zugrunde lag. Exemplarisch sollen hier nur die Resultate zweier Untersuchungen erwähnt werden. Petry und Desiderato (1978) registrierten während der Antizipationsphase ein Ansteigen der subjektiv erlebten Angst und der Herzfrequenz. Die am Unterarm gemessene Muskelspannung (EMG) fiel dagegen wider Erwarten ab. Frost et al. (1978) stellten im Vergleich zu einer Kontrollgruppe ohne Schockankündigung stärkere subjektive Angst sowie eine höhere Pulsfrequenz und elektrische Hautleitfähigkeit fest. Der Alpharhythmus im Elektroenzephalogramm (EEG) war in beiden Gruppen nicht verschieden.

Zwei weitere Beispiele mögen genügen, um den Effekt anderer, im Labor realisierbarer angstauslösender Situationen auf die physiologischen Reaktionen zu belegen. Shields und Stern (1979) forderten sieben bis zehnjährige Kinder auf, einen Arm in verschiedene Behälter zu stecken, um deren Inhalt zu identifizieren. Da der Versuchsleiter zuvor gefragt hatte, welche Dinge besonders unangenehm zu berühren sind und ob das Kind bereit sei, solche Dinge zu identifizieren, muß die Aufgabe angst- und ekelerregend gewesen sein. Kindern, die in die Behälter hineinfaßten (und Dinge wie z. B. eine geschälte Tomate vorfanden), wurde schließlich eine schwarze Holzkiste gezeigt. Der Versuchsleiter erklärte, er müsse sich erst erkundigen, ob dieser Behälter verwendet werden dürfe, da es gestern einige Probleme damit gegeben habe. Während dieser Erwartungsphase bzw. bei einer frühen Verweigerung deutete die Pulsfrequenz, das Fingerpulsvolumen (als Maß für die Verengung der Blutgefäße in der Peripherie) und die elektrodermale Reaktion auf eine erhöhte Aktivierung im Vergleich zu einer Ruhephase hin. Die gleichen physiologischen Maße wurden in einer Untersuchung mit Erwachsenen verwendet. Knight und Borden (1979) untersuchten die verbreitetste Form der Angst: die Angst, vor einem Publikum zu sprechen. Die Versuchspersonen nahmen vor einem Vorhang Platz. Nach einer Entspannungsphase wurde das weitere Vorgehen erklärt: Der Vorhang öffnet sich, eine Uhr und eine Kamera sind zu sehen. Nach sechs Minuten wird ein Text auf die Wand projiziert, den die Versuchsperson vorlesen soll. Die Videoaufnahme wird angeblich von einer Expertengruppe analysiert. Während der Antizipationsphase stieg die physiologische Erregung sowie die selbsteingestufte »Nervosität« an, um dann während der Rede wieder abzufallen.

Eine Untersuchung von London et al. (1972) beschäftigt sich mit einer anderen Emotion als Angst. Was empfindet eine Versuchsperson, die 40 Min. lang jedesmal einen Knopf drücken soll, wenn ein Lichtsignal gegeben wird oder die eine halbe Stunde lang nur »cd« schreiben soll? Eine postexperimentelle Befragung zeigt, daß Langeweile die Folge ist. In einem ersten Experiment wurde die Hautleitfähigkeit einer Gruppe gelangweilter Versuchspersonen mit der einer Kontrollgruppe, die eine interessantere Aufgabe erhielt, verglichen. Die Experimentalgruppe zeigte eine stärkere physiologische Reaktion. In einem zweiten Experiment erhielten die Versuchspersonen nacheinander eine interessante und eine langweilige Aufgabe. Sowohl die Herzfrequenz als auch die Hautleitfähigkeit wiesen wieder auf eine höhere Aktivierung während der Langeweile hin.

Laboruntersuchungen sollten möglichst durch Untersuchungen in natürlichen Situationen ergänzt und überprüft werden. Studien, wie sie Fenz und Epstein (1967) durchgeführt haben, kommt daher eine große Bedeutung zu. Die Autoren registrierten bei Fallschirmspringern die Herz- und Atemfrequenz und den Hautwiderstand. Die Messungen begannen, als die Sportler auf dem Flughafen ankamen, und wurden beim Absprung aus dem Flugzeug beendet. Nach der Landung erfolgte eine weitere Messung. Es liegen getrennte Angaben für erfahrene und unerfahrene

Fallschirmspringer vor. Bei der letzten Gruppe stiegen die Meßwerte kontinuierlich an und waren nach der Landung wieder relativ niedrig. Vor dem Absprung betrug die durchschnittliche Herzfrequenz über 140 Schläge pro Minute. Die selbst eingestufte Angst zeigte einen vergleichbaren Anstieg. Bei den erfahrenen Fallschirmspringern (über 100 Absprünge) ergab sich ein völlig anderes Bild. Aufgrund der Angsteinstufungen ist anzunehmen, daß die Angst während der Meßphase ständig abnahm. Die Hautleitfähigkeit stieg dagegen deutlich an, bis das Flugzeug in der Luft war. Die Herzfrequenz erreichte dagegen schon früher ihren Höhepunkt und blieb dann etwa konstant. Die Atemfrequenz zeigte wiederum einen anderen Verlauf. Sie stieg bis zum Start an und fiel dann wieder ab. Zwischen der subjektiv erlebten Angst und den physiologischen Variablen scheint also hier kein Zusammenhang zu bestehen.

Welche Schlußfolgerungen erlauben die geschilderten Untersuchungen? Auf den ersten Blick entsteht der Eindruck, daß verschiedene emotionale Reize gleichermaßen sowohl zu subjektiven Gefühlen als auch zur Intensivierung der physiologischen Reaktion führen. In vielen Fällen scheint die zeitliche Veränderung beider Variablen annähernd identisch zu sein. Sind emotionales Erleben und physiologische Aktivierung Ausdruck ein und desselben Phänomens?

Eine solche Schlußfolgerung wäre voreilig, denn bei einer näheren Betrachtung zeigen sich verschiedene Probleme:

1. Will man untersuchen, ob Reize, die subjektive Emotionen (oder auch emotionales Verhalten) verursachen, auch physiologische Reaktionen hervorrufen, so müßte man eigentlich eine möglichst repräsentative *Stichprobe* emotionaler Reize ziehen und diese untersuchen. Genauso wie man eine möglichst repräsentative Stichprobe aus allen Wahlberechtigten ziehen muß, wenn man das Wahlverhalten der Deutschen prognostizieren will, muß man bei der Auswahl emotionaler Reize auf Repräsentativität achten. Würde man nur Elektroschocks als Emotionsreize verwenden, so wären die Ergebnisse ebensowenig repräsentativ wie eine Wahlprognose, die auf der Befragung aller männlichen Bewohner eines bestimmten Dorfes basiert. Eine Betrachtung der verwendeten Emotionsreize zeigt eine auffällige Überrepräsentation von angstauslösenden Stimuli. Innerhalb dieser Kategorie ist wiederum eine Präferenz für Elektroschocks bzw. deren Androhung zu erkennen. Die Forderung nach Repräsentativität der Reize ist also nicht erfüllt.

2. Was bedeutet es, wenn z. B. eine Gruppe von 30 Versuchspersonen in einer »emotionalen« Situation eine durchschnittliche Herzfrequenz von 90 Schlägen pro Minute und in einer neutralen eine von 80 zeigt? Die Hautleitfähigkeit betrage 20 bzw. 10 Mikrosiemens. Die Mittelwerte sagen nur aus, daß die durchschnittliche, über alle Personen gemittelte Herzfrequenz und Hautleitfähigkeit unter der Emotionsbedingung höher ist. Von einer höheren Aktivierung zu sprechen, ist hingegen problematisch. Merkwürdigerweise besteht zwischen den einzelnen

Erregungsindikatoren nur ein geringer Zusammenhang. Bei einer Person x kann zu einem bestimmten Zeitpunkt die Herzfrequenz hoch und die Hautleitfähigkeit gleichzeitig niedrig sein. Bei einer Person y geht zur gleichen Zeit die hohe Herzfrequenz vielleicht mit einer hohen Hautleitfähigkeit einher. Einige Sekunden später kann die Herzfrequenz deutlich abgefallen sein, während die Hautleitfähigkeit noch unverändert ist. Berechnet man die Korrelation zwischen verschiedenen physiologischen Variablen, so erhält man u. U. hohe positive Werte, u. U. aber auch hohe negative. Typischerweise streuen die Korrelationskoeffizienten sehr stark, d. h. sie reichen vom positiven bis in den negativen Bereich (Fenz und Epstein, 1967; Fahrenberg et al., 1979). Eine einheitliche, alle Versuchspersonen und alle physiologischen Variablen gleichzeitig betreffende Veränderung der Aktivierung gibt es nicht. Jeder Mensch zeigt andere physiologische Reaktionen. Selbst bei dem einzelnen Individuum besteht zwischen den einzelnen physiologischen Variablen keine Konsistenz. Die über viele Versuchspersonen gemittelten Verlaufskurven der physiologischen Variablen täuschen also einen Einfluß emotionaler Reize auf das einzelne Individuum vor, der im Grunde nicht existiert. Die empirisch belegte, niedrige Kovariation zwischen den einzelnen physiologischen Variablen muß berücksichtigt werden, wenn man Mittelwertunterschiede oder gemittelte Verlaufskurven interpretiert (s. a. Lacey, 1967).

4.3 Emotionsspezifische physiologische Reaktionen

Die im vorigen Abschnitt geschilderten Experimente beschäftigten sich mit der physiologischen Reaktion bei einer bestimmten emotionalen Belastung (z. B. Angst) bzw. bei einer nicht näher spezifizierten Emotion. Zu welchem Ergebnis kommt man, wenn man die physiologischen Veränderungen bei verschiedenen emotionalen Zuständen (z. B. Angst und Langeweile) miteinander vergleicht? Unterscheiden sich die physiologischen Reaktionen oder sind sie bei allen Emotionen gleich?
Der im zweiten Kapitel vorgestellten James–Lange Theorie zufolge sollten sich die verschiedenen Emotionen in ihren körperlichen Begleiterscheinungen unterscheiden. Lange (1910) folgerte, daß es allein mit Rücksicht auf die Veränderungen der Innervation von Muskeln und Gefäßen 27 verschiedene körperliche Emotionsmuster geben müsse. Er postulierte kausale Beziehungen wie: Schwächung der willkürlichen Innervation plus Gefäßverengung gleich Kummer. Später hat Wenger (1950) den Grundgedanken unterschiedlicher körperlicher Erscheinungsformen der Emotionen von der James–Lange Theorie übernommen. Er vertrat sogar die Meinung, daß nur auf der physiologischen Ebene eine objektive Klassifikation der Emotionen möglich sei (s. a. Wenger und Cullen, 1972).

Die Annahme unterschiedlicher physiologischer Reaktionsmuster bei Emotionen wird nicht nur durch die James–Lange Theorie und deren Weiterführung durch Wenger bekräftigt. In der Psychosomatik finden sich Bestrebungen, verschiedene Krankheitsbilder durch die Einwirkung von Emotionen zu erklären. Da sich die Krankheitsbilder erheblich voneinander unterscheiden, liegt es nahe, den Emotionen spezifische körperliche Erscheinungsbilder zuzusprechen. »Jeder emotionale Zustand hat sein eigenes physiologisches Syndrom« (Alexander, 1971, S. 44).

Eine weitere Stütze für die Annahme einer differentiellen Physiologie der Emotionen stammt von Arnold. Sie vertrat bereits in einem 1945 erschienenen Beitrag die Auffassung, daß mindestens drei verschiedene physiologische Emotionsmuster zu unterscheiden sind. Später (Arnold, 1960, 1970) hat sie diesen Grundgedanken noch einmal bekräftigt. Die Ursache dafür, daß sich verschiedene Emotionen anhand von physiologischen Reaktionen unterscheiden lassen, sieht sie in jeweils unterschiedlich starken Beteiligungen des sympathischen und parasympathischen Nervensystems.

Die experimentelle Überprüfung der Hypothese einer differentiellen Physiologie der Emotionen erscheint zunächst sehr einfach: Man löse bei seinen Versuchspersonen nacheinander verschiedene Emotionen aus und vergleiche die physiologischen Meßwerte unter den verschiedenen Emotionsbedingungen. Anstatt eine Gruppe von Versuchspersonen verschiedenen Bedingungen zu unterziehen kann man natürlich auch für jede untersuchte Emotion eine besondere Versuchspersonengruppe verwenden. Damit ist auch schon das Grunddesign entsprechender Emotionsuntersuchungen beschrieben. Die einschlägigen Experimente werden zunächst dargestellt. Im Anschluß daran wird auf einige Probleme dieser Methode hinzuweisen sein.

Die wohl erste bedeutsame Untersuchung stammt von Ax (1953). Durch Zeitungsanzeigen und über ein Arbeitsamt wurden die Versuchspersonen rekrutiert. Der Versuchsleiter erklärte ihnen, man sei an physiologischen Unterschieden zwischen Leuten mit hohem und niedrigem Blutdruck interessiert. Ihre einzige Aufgabe bestände darin, ungefähr eine Stunde auf einem Bett zu liegen und Musik ihrer Wahl zu hören. Während dieser Zeit wurden kontinuierlich verschiedene physiologische Messungen vorgenommen (Herzfrequenz, Schlagvolumen, Atmung, Hauttemperatur, Hautleitfähigkeit, Muskelpotentiale, Blutdruck). Nach einer 25minütigen Ruhepause wurde nun bei den Versuchspersonen entweder Angst oder Ärger erzeugt. Die Angstsituation bestand darin, daß zunächst durch eine Elektrode am kleinen Finger schwache Elektroschocks verabreicht wurden. Wenn die Versuchsperson dies berichtete, zeigte sich der Versuchsleiter überrascht und überprüfte die Anschlüsse. Dabei drückte er einen Knopf, wodurch in der Nähe der Versuchsperson Funken flogen. Er sagte aufgeregt, daß ein gefährlicher Kurzschluß entstanden sei. Nach fünf Minuten wurde die Gefahr dann für beseitigt erklärt, und für 10 bis

15 Min. nahm der Versuch wieder seinen normalen Verlauf. Dann kam ein technischer Gehilfe, der den Polygraphen bediente, in den Raum. Er war zuvor als jemand beschrieben worden, der wegen seiner Inkompetenz und Arroganz entlassen worden war, jetzt aber seinen erkrankten Nachfolger vertreten mußte. Der Versuchsleiter verließ den Raum, und der Gehilfe überprüfte die Kabel. Dabei verhielt er sich der Versuchsperson gegenüber sehr grob, stellte die Musik ab, kritisierte die Versuchsperson etc. Nach fünf Minuten kam der Versuchsleiter zurück, entschuldigte sich für das Verhalten des Gehilfen und forderte die Versuchsperson auf, sich wieder zu entspannen.

Die Reihenfolge der Angst- und Ärgerinduktion wurde bei der Hälfte der Versuchspersonen umgekehrt. Durch Verhaltensbeobachtung sowie eine Befragung der Versuchspersonen konnte überprüft werden, ob die beabsichtigten Emotionen eintraten. Immerhin mußten 6 von 49 Versuchspersonen wegen inadäquater Gefühle oder Verhaltensweisen ausgeschlossen werden.

Für insgesamt 14 physiologische Variablen wurden Differenzwerte zwischen den Ruhe- und Emotionsphasen berechnet. Vergleiche zwischen den beiden Emotionsbedingungen zeigen, daß 7 der 14 Reaktionswerte für die Ärger- und die Angstphase unterschiedlich ausfielen. Bei Angst nahm die Hautleitfähigkeit, die Anzahl der Muskelpotentialspitzen sowie die Atemfrequenz stärker zu als bei Ärger. Dagegen nahm der diastolische Blutdruck, die Anzahl elektrischer Hautreaktionen und die Muskelspannung bei Ärger stärker zu; die Herzfrequenz fiel stärker ab.

Daß die physiologischen Reaktionen keinen synchronisierten Aktivierungsprozeß widerspiegeln, sondern eher ein spezifisches Muster darstellen, scheint durch die sehr niedrigen Korrelationen der Meßwerte untereinander nahegelegt zu werden. Bei der Interpretation der beiden beobachteten Reaktionsmuster wagt Ax einen Vergleich. Das Furcht-Muster erinnere an die physiologischen Reaktionen bei der Injektion von Adreanalin, das Ärger-Muster gleiche dagegen mehr einer gemischten Adrenalin-Noradrenalin Reaktion.

Das Experiment wurde von Schachter (1957) unter ähnlichen Bedingungen wiederholt. Er fügte noch eine weitere Versuchsbedingung hinzu: Schmerz durch Eintauchen der Hand in eiskaltes Wasser. Die berichteten Unterschiede in den physiologischen Variablen (7 von 12 waren signifikant verschieden) beziehen sich auf einen Vergleich aller drei Versuchsbedingungen. Offenbar kommen sie hauptsächlich durch Abweichungen der Schmerzbedingung von den beiden übrigen zustande.

Funkenstein et al. (1954) lösten Angst und Ärger auf eine andere Weise aus. Ihre Versuchspersonen hatten Rechenaufgaben zu lösen und wurden dabei vom Versuchsleiter grob und erniedrigend behandelt. Ein Teil der Versuchspersonen reagierte darauf mit Ärger (wobei die Autoren noch zwischen nach innen und nach außen gerichtetem Ärger unterscheiden), ein Teil mit Angst. Betrachtet man die Veränderungen der physiologischen

Reaktionen unter der Provokationsbedingung, so finden sich zahlreiche Unterschiede zwischen den drei Versuchspersonengruppen. Am ähnlichsten waren sich die physiologischen Veränderungen unter Angst und nach innen gerichtetem Ärger.

Sowohl Ax als auch Schachter und Funkenstein et al. versuchten die unterschiedlichen Reaktionsmuster mit der Wirkung von Adrenalin bzw. Noradrenalin/Adrenalin-Injektionen zu vergleichen. Funkenstein (1955) stellte sogar einen Vergleich mit Tieren an. Aggressive Tierarten haben angeblich eine hohe Noradrenalinkonzentration im Blut. Tiere, deren Überlebenschancen in der Flucht liegen, haben dagegen eine höhere Adrenalinkonzentration. Die naheliegende Schlußfolgerung, daß bei Ärger mehr Noradrenalin und bei Angst mehr Adrenalin ausgeschüttet wird, ist allerdings nicht haltbar. Nach Frankenhaeuser (1975) wird die These emotionsspezifischer Adrenalin- bzw. Noradrenalinausschüttungen durch verschiedene Untersuchungen widerlegt.

Untersuchungen, in denen mit Hilfe von Filmen verschiedene Emotionen ausgelöst wurden, brachten weniger Hinweise auf differentielle Reaktionsmuster. Sternbach (1962) zeigte Schulkindern den Walt-Disney Film »Bambi«. Durch ein nachfolgendes Interview ermittelte er die emotionale Wirkung der einzelnen Filmszenen und die Gefühle der Kinder. Der Film enthielt offenbar traurige, furchterregende, glückliche und lustige Szenen. Die physiologischen Veränderungen (Hautwiderstand, Magenbewegungen, Herz- und Atemfrequenz, Augenblinkfrequenz und Fingerpulsvolumen) waren jeweils gering und bis auf drei Ausnahmen nicht signifikant. Vergleiche zwischen den einzelnen Emotionen werden nicht berichtet. Averill (1969) verwendete drei unterschiedliche Filme. Die Versuchspersonen sahen entweder einen traurigen, einen lustigen oder einen emotional neutralen Film. Ein Vergleich von 13 Reaktivitätsmaßen (Vorfilm versus Stimulusfilm) ergab vier signifikante Unterschiede zwischen den beiden Emotionsfilmen. Bei dem traurigen Film stieg der systolische und diastolische Blutdruck stärker an als bei dem lustigen; umgekehrt war bei dem lustigen Film die Herzfrequenz und die Zahl der Atemunregelmäßigkeiten höher.

Eine weitere Methode zur Herstellung verschiedener Emotionen im Rahmen eines Laborexperimentes ist die Hypnose. Die Ergebnisse entsprechender Untersuchungen (z. B. Dudley et al., 1964; Martin und Grosz, 1964; Cerny et al., 1973) sind jedoch nicht einfach zu interpretieren, da die Versuchspersonenzahl meist sehr klein ist und zudem Besonderheiten dieser Methode berücksichtigt werden müssen.

Eine besondere Kategorie von Untersuchungen zur differentiellen Physiologie von Emotionen stellen Befragungen dar. Die Versuchspersonen werden aufgefordert, die Intensität verschiedener Körpersymptome bei bestimmten Emotionen anzugeben. Der Vorteil der Methode besteht darin, daß sich die Einstufungen auf natürliche Situationen beziehen; der Nachteil ist, daß die Angaben wenig zuverlässig sind. Subjektive

Symptomeinstufungen und objektive physiologische Messungen korrelieren nur geringfügig miteinander (Mandler, 1975). Immerhin wurde die Methode der Symptomeinstufung in mehreren Untersuchungen verwendet. Wenn sie positive Ergebnisse liefert, so spricht dies jedenfalls für die Robustheit dieser Befunde. Es wäre allenfalls noch denkbar, daß sie nicht Selbstbeobachtungen, sondern Volksweisheiten widerspiegeln (z. B. »man wird rot vor Wut«).

Welche Symptome bei starker Angst und bei Schreck vorkommen, kann einer Studie von Panse (1952) entnommen werden. Panse befragte bei Kriegsende viele Menschen nach ihren Gefühlen und Empfindungen während schwerer Luftangriffe. Bei Angst standen Herz- und Gefäßreaktionen im Vordergrund. Neben verschiedenen Formen von Herzbeschwerden wurden Veränderungen der Durchblutung (Blässe des Gesichts, Gänsehaut, Schwitzen, Hitzeempfindungen) berichtet. Ausgesprochene Schreckerlebnisse waren relativ selten, so daß ein systematischer Vergleich zwischen Angst und Schreck nicht möglich ist. Die Angaben scheinen jedoch nicht sehr verschieden zu sein.

Fahrenberg (1965) ließ Versuchspersonen anhand einer Symptomliste die körperlichen Begleiterscheinungen von Schreck, Angst, Freude/Ergriffenheit und Wut einstufen. Die Angaben sollten sich auf eigene, alltägliche Emotionen beziehen. Die allgemein intensivsten Symptome waren Herzklopfen, Herzjagen und Zittern der Hände bzw. des ganzen Körpers. Zwischen den vier Emotionen fanden sich zahlreiche signifikante Unterschiede.

Ein ähnlicher Ansatz lag einer Untersuchung von Schmidt-Atzert (1980) zugrunde. Allerdings wurde die Zahl der Emotionen erweitert (Freude, Lust, Zuneigung, Mitgefühl, Sehnsucht, Aggressionslust, Traurigkeit, Verlegenheit, Unruhe, Abneigung, Neid und Angst) und die Körpersymptome wurden auf diejenigen beschränkt, die bei Fahrenberg am dominantesten erschienen (Herzklopfen, Herzjagen, Erröten oder aufsteigende Hitze, feuchte Hände und Zittern der Hände oder des ganzen Körpers). Ein varianzanalytischer Profilvergleich zeigt, daß die Emotionen nicht nur von unterschiedlich starken Symptomen begleitet werden, sondern auch die Profilgestalten weitgehend verschieden sind. Abb. 4 zeigt einige ausgewählte Symptomprofile, bei denen die Unterschiedlichkeit besonders deutlich erkennbar ist.

Die über viele Versuchspersonen gemittelten Symptomprofile erwecken den Eindruck, daß es sich hier um relativ homogene Reaktionsmuster handelt. Wie unterschiedlich aber die bei einer bestimmten Emotion wahrgenommenen Körpersymptome sein können, geht aus zwei Untersuchungen hervor, die hier kurz berichtet werden sollen. Korchin und Heath (1961) erfaßten mit einem Fragebogen die körperlichen Symptome bei Angst und fanden verschiedene Geschlechtsunterschiede. Frauen berichteten häufiger als Männer kalte Hände, Schwierigkeiten beim Sprechen, das Gefühl, einen Kloß im Hals zu haben, sowie

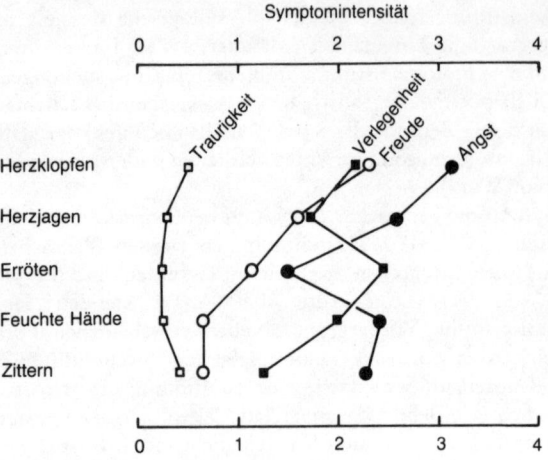

Abb. 4: Symptomprofile verschiedener Emotionen
(nach Schmidt-Atzert, 1980)

Magenbeschwerden. Männer nahmen dagegen häufiger eine Intensivierung des Herzklopfens, Veränderungen der Atmung und Schwitzen wahr. Borkovec (1976) führte zwei ähnliche Fragebogenuntersuchungen durch. Versuchspersonen waren jeweils etwa 400 Psychologiestudenten. In beiden Untersuchungen hatten Frauen höhere Werte bei Items, die kalte Hände, flache Atmung, Kloß im Hals und Magenbeschwerden betrafen. Faktorenanalysen, die getrennt für Männer und Frauen durchgeführt wurden, lieferten zwei bzw. drei Symptommuster: Frauen Typ: Dominanz von Magenaktivität und Schwitzen; geringe Wahrnehmung von Atmung und Blutzufuhr in den Kopf. Frauen Typ 2: Dominanz von Herzaktivität und Muskelspannung, kaum Kopfschmerzen. Frauen Typ 3: Dominanz von Herz- und Magenaktivität. Männer Typ 1: Dominanz von Herzaktivität; kaum Kopfschmerzen und flache Atmung. Männer Typ 2: Dominanz von Magenaktivität und Schwitzen; kaum Kopfschmerzen und Wahrnehmung der Atmung. Offenbar gibt es also nicht nur Geschlechtsunterschiede im Erleben körperlicher Symptome bei Angst, sondern Männer und Frauen lassen sich darüber hinaus noch in verschiedene Reaktionstypen unterscheiden. Wir können daraus die Schlußfolgerung ziehen, daß es nicht nur emotions-, sondern vermutlich auch personenspezifische Reaktionsmuster gibt und daß sich beide überlagern.

Insgesamt scheinen die Experimente zur differentiellen Physiologie darauf hinzuweisen, daß sich einzelne Emotionen in ihren physiologischen Reaktionen unterscheiden. Die Zahl der berichteten Unterschiede ist jedenfalls zu groß, um sie als zufallsbedingt anzusehen. Die vorliegenden Untersuchungen gestatten jedoch keine Auflistung gesicherter Erkenntnisse über die Physiologie einzelner Emotionen. Die Ergebnisse sind nämlich teilweise widersprüchlich.

Die Entdeckung emotionsspezifischer Reaktionsmuster (sofern es sie überhaupt gibt) wird durch zwei Umstände erschwert.

1. Werden im Experiment zwei Emotionen hergestellt, so sagen einfache Vergleiche einzelner physiologischer Variablen im Grunde wenig aus. Die beiden Emotionen können unterschiedlich intensiv gewesen sein. Die intensivste Emotion wird dann vermutlich von den stärksten physiologischen Reaktionen begleitet. Die Ergebnisse des Vergleichs sind somit trivial. Bei der Einstufung von Körpersymptomen ist dieses Problem weniger relevant. Wahrscheinlich gehen die Versuchspersonen bei der Symptomeinstufung von Emotionen etwa gleicher Intensität aus.

2. Ebenso wie bei der Untersuchung allgemeiner Erregungsprozesse bei Emotionen stellt sich das Problem der Repräsentativität. Ärger beispielsweise wird nicht nur in solchen Situationen auftreten, wie sie im Forschungslabor realisiert werden. Es gibt viele Situationen, in denen sich Menschen ärgern. Will man eine Aussage über die Physiologie des Ärgers machen, so müßte man diese Emotion eigentlich in einer Vielzahl von Situationen untersuchen. Erst wenn in vielen Situationen das gleiche physiologische Muster auftritt und dieses von einem anderen, ebenfalls situationsunabhängigen Muster verschieden ist, kann man von einem *emotions*spezifischen Muster sprechen. In einem einzelnen Experiment vergleicht man also nicht nur Emotionen, sondern auch Situationen. Daher weiß man nicht, ob die gefundenen Unterschiede situations- oder emotionsbedingt sind. Das Problem spielt auch bei Fragebogenuntersuchungen eine Rolle, da die Versuchspersonen möglicherweise bei Ärger, Angst, Freude etc. an besonders typische und naheliegende Situationen denken und somit nicht über alle Situationen abstrahieren.

Angesichts der genannten methodischen Einwände sollten die vorliegenden Ergebnisse nicht als gesicherte Beweise für die Unterscheidbarkeit der Emotionen auf der physiologischen Ebene interpretiert werden. Die Aussage, jede Emotion habe ihr eigenes physiologisches Reaktionsmuster, sollte weiterhin als Hypothese angesehen werden, deren endgültige empirische Bestätigung oder Widerlegung noch aussteht.

Angesichts der Differenziertheit des autonomen Nervensystems erscheint es sehr plausibel, daß unterschiedliche physiologische Reaktionsmuster vorkommen. Einzelne Organe werden durch unterschiedliche Nervenstränge versorgt. Darüber hinaus üben Sympathikus und Parasympathikus teilweise eine gegensätzliche Wirkung aus (vgl. 4.1). Allerdings folgt daraus nicht, daß die einzelnen Emotionen von unterschiedlichen physiologischen Reaktionsmustern begleitet werden. Wenn es solche Reaktionsmuster gibt, können sie *nachträglich* durch das autonome Nervensystem erklärt werden – eine Vorhersage ist dagegen nicht möglich.

Daß unser Herz beispielsweise bei einem Dauerlauf oder beim Heben eines schweren Gegenstandes schneller schlägt, erscheint wohl jedermann plausibel. Die beteiligten Muskeln müssen in erhöhtem Maße mit Blut versorgt werden, um die erforderliche Arbeit leisten zu können. Ein angeborener, zur biologischen »Grundausstattung« unseres Körpers gehöriger Reaktionsmechanismus sorgt für die nötigen Veränderungen im Organismus (u. a. Erhöhung der Herzfrequenz). Diese Anpassungsprozesse sind so alltäglich, daß wir sie als selbstverständlich ansehen und kaum darüber nachdenken. Weniger selbstverständlich ist dagegen, daß manche Menschen in Überraschungssituationen erblassen, daß ihr Herz schneller schlägt, wenn sie vor einem Publikum reden wollen, oder daß sie komplexe physiologische Reaktionen zeigen, wenn sie sich ärgern.

Gibt es angeborene biologische Anpassungsmechanismen, die uns auf emotionale Reize mit physiologischen Veränderungen reagieren lassen? Cannon (1975; s. a. Kap. 2.1.3) hat dies zumindest bei starken Emotionen wie Angst und Wut angenommen, indem er diese Reaktionen als biologisch sinnvolle Vorbereitungen des Organismus zur Bewältigung von Gefahr interpretierte. Können wir daraus folgern, daß biologisch sinnvolle emotionale Reaktionen angeboren sind? Die Evolutionstheorie, auf die sich Cannon beruft, läßt eine solche Schlußfolgerung nicht zu. Selbst schädliche Reaktionen können nämlich angeboren sein – der Mensch hat sich nur noch nicht an die veränderten Umweltbedingungen angepaßt. Was einstmals nützlich war, kann heute vielleicht schaden. Wir sehen also, daß die Nützlichkeit oder Schädlichkeit einer emotionalen physiologischen Reaktion nichts darüber aussagt, ob sie zur biologischen Ausstattung des Menschen gehört oder nicht.

Eine alternative Erklärung für das Vorhandensein emotionaler physiologischer Reaktionen wäre, daß diese Reaktionen im Laufe der Entwicklung eines Individuums (Ontogenese) gelernt werden. Die Gesetzmäßigkeiten, nach denen sich ein solches Lernen vollziehen kann, sind bekannt. Es sind die gleichen, mit denen der Erwerb von Verhaltensweisen wie Zähneputzen, Schreiben oder das Beachten von Verkehrszeichen erklärt werden kann.

Die Frage nach der Entstehung emotionaler physiologischer Reaktionen soll hier nicht auf das, etwa aus der Intelligenzdebatte bekannte, Erbe–Umwelt Problem reduziert werden. Ob eine bestimmte Reaktion angeboren oder erlernt ist, läßt sich meist nicht entscheiden. Auch Versuche, die ererbten und erlernten Anteile einer Reaktion prozentual zu bestimmen, sind zum Scheitern verurteilt. Hier soll deshalb lediglich untersucht werden, wie ein Lernen physiologischer Reaktionen möglich ist und worin die biologischen Grundlagen und Grenzen dieses Lernens bestehen.

Will man *angeborene* physiologische Reaktionen untersuchen, braucht man Versuchspersonen, deren Reaktionsweisen noch nicht durch Umwelteinflüsse verändert worden sind. Man wird daher auf Neugeborene zurückgreifen. (Allerdings können wir nicht ausschließen, daß bereits im Mutterleib Lernprozesse abgelaufen sind.) Unglücklicherweise ist das emotionale Verhalten von Neugeborenen sehr schwer meßbar, so daß die emotionale Qualität der beobachtbaren physiologischen Reaktionen ungewiß ist. Wir müssen uns also damit begnügen, physiologische Reaktionen zu untersuchen, die auf äußere Reize hin erfolgen, deren emotionale Bedeutung nicht bekannt ist.

Neugeborene zeigen bei der Darbietung bestimmter einfacher Reize (z. B. Luftstoß, plötzliches Geräusch) physiologische Reaktionen. Die Herzfrequenz steigt normalerweise um vielleicht fünf Schläge pro Minute an und kehrt nach einigen Sekunden wieder auf ihren Ausgangswert zurück. Im Alter von einigen Wochen ändert sich aus bisher ungeklärten Gründen übrigens dieses Reaktionsmuster. Die Kinder reagieren auf die gleichen Reize mit einer kurzfristigen Abnahme der Herzfrequenz (Graham und Jackson, 1970). Neben Veränderungen der Herzfrequenz als Folge externer Reize wurden bei Neugeborenen auch Veränderungen der elektrodermalen Aktivität berichtet (Hirschman und Katkin, 1974). Der menschliche Organismus ist also offensichtlich von Geburt an dazu bereit, auf bestimmte Umweltereignisse physiologisch zu reagieren.

Wenn Kinder in ein Alter kommen, in dem man von ihrem Ausdrucksverhalten leicht auf konkrete Emotionen schließen kann, sind die physiologischen Reaktionen möglicherweise schon durch Lernprozesse verändert worden. Da die Reaktionen von Kindern im Alter von einigen Monaten vermutlich weniger als die Erwachsener (auf die sich die meisten Untersuchungen in Kap. 4.2 und 4.3 beziehen) durch Lernprozesse überlagert sind, sollen einige Untersuchungen mit Kleinkindern erwähnt werden. Die meisten Studien dieser Art beschäftigen sich mit der Reaktion von Kleinkindern in zwei Situationen: dem Anblick eines Abgrundes und der Annäherung eines Fremden.

Die Furcht kleiner Kinder vor Tiefe kann mit einer im Englischen »visual cliff« (sichtbare Klippe) genannten Vorrichtung untersucht werden. Es handelt sich dabei um einen großen, mit einer durchsichtigen Glasplatte bedeckten Tisch. Auf der einen Seite, der »flachen«, befindet sich direkt unter der Glasplatte eine auffällig gemusterte Oberfläche. Auf der anderen, »tiefen« Seite, besteht etwa ein Meter Abstand zwischen Glas und Oberfläche. Wie die Babies auf diesen Abgrund reagieren, kann auf zweierlei Weise untersucht werden. Entweder wird das Kind abwechselnd auf die »tiefe« und »flache« Seite gesetzt, oder es wird so plaziert, daß es entweder über die »tiefe« oder die »flache« Seite krabbeln muß, um seine Mutter zu erreichen. Aus dem Verhalten (z. B. Weinen, Zurückweichen vor dem Abgrund) kann gefolgert werden, ob das Kind vor der Tiefe Angst hat. Gleichzeitig sind physiologische Messungen möglich. Campos et al. (1978) berichten Untersuchungen dieser Art. Kinder, die noch nicht krabbeln können, reagieren meist mit einer Abnahme der Herzfrequenz auf den Abgrund. Dabei zeigen sie kein Angstverhalten. Ältere Kinder, die sich bereits selbst fortbewegen können, reagieren dagegen mit einer Zunahme der Herzfrequenz und Angstverhalten. Möglicherweise haben diese Kinder schon gelernt, daß ein solcher Höhenunterschied Verletzungsgefahr bedeuten kann. Erstaunlich ist, daß sie nicht nur die tiefe Stelle meiden, sondern auch physiologisch reagieren – und zwar anders als jüngere Kinder, für die die Tiefe vermutlich noch eine andere Bedeutung hat.

Lewis et al. (1978) untersuchten die Herzfrequenzveränderungen von Kindern im Alter von 6 bis 18 Monaten, während sich ihnen eine fremde Person näherte. Diese Studie ist besonders aufschlußreich für die Genese emotionaler physiologischer Reaktionen. Die physiologischen Meßwerte wurden nicht einfach zu mittleren Verlaufskurven verschmolzen; die Autoren versuchten gerade die Unterschiedlichkeit der Reaktionsverläufe auszuwerten. Durch Videoaufnahmen der Kinder konnten Veränderungen des Gesichtsausdruckes registriert und mit den Herzfrequenzveränderungen in Beziehung gesetzt werden. Die Versuchssituation bestand darin, daß das Baby neben seiner Mutter auf einem Stühlchen saß, während eine fremde Person den Raum betrat, sich langsam dem Kind näherte, seine Hand berührte und sich langsam wieder entfernte. Die Kinder zeigten sehr unterschiedliche physiologische und mimische Reaktionen. So nahm bei einigen Kindern die Herzfrequenz zu, als der Fremde den Raum betrat. Bei anderen schlug das Herz in der gleichen Situation langsamer. Der Gesichtsausdruck ließ teilweise auf positive, teilweise aber auch auf negative Emotionen schließen. Ein systematischer Zusammenhang zwischen dem Herzfrequenz-Verlaufsmuster und dem Gesichtsausdruck bestand nicht. Lediglich ein als Aufmerksamkeit interpretierter Gesichtsausdruck ging mit einer gewissen Regelmäßigkeit mit einer Herzfrequenzabnahme einher.

Die Schlußfolgerung aus diesem Experiment muß lauten, daß Kleinkinder (zumindest bei der Annäherung eines Fremden) keine Korrespondenz zwischen Herzfrequenzveränderungen und Emotionen zeigen. Die Hoffnung, in der frühen Kindheit eine enge Beziehung zwischen Ausdruck und Physiologie zu finden, wird angesichts dieses Befundes geschmälert. Sollten auch weitere Untersuchungen mit Kleinkindern auf eine weitgehende Unabhängigkeit von emotionalem Verhalten und physiologischer Reaktion hinweisen, würde dies bedeuten, daß kein oder allenfalls ein schwacher gesetzmäßiger Zusammenhang zwischen beiden Variablen besteht.

Zur biologischen Grundausstattung des Neugeborenen gehört nicht nur die Bereitschaft, auf bestimmte Reize physiologisch zu reagieren (s. o.), sondern auch eine Fähigkeit zum *Lernen*. Als einfachstes Phänomen des Lernens kann man die *Gewöhnung* (Habituation) ansehen. Bietet man einen Reiz, der eine Herzfrequenzerhöhung auslöst (z. B. ein akustisches

Signal) mehrmals hintereinander dar, läßt die Reaktion des Neugeborenen nach und tritt schließlich überhaupt nicht mehr auf. Dieser Effekt ist nicht durch Ermüdung bedingt (Harris und Katkin, 1975). Vielmehr hat eine Gewöhnung an den Reiz stattgefunden.

Eine komplexere Art des Lernens wird *Konditionierung* genannt. Üblicherweise wird zwischen zwei verschiedenen Arten des Konditionierens unterschieden: dem klassischen und dem instrumentellen. Ob diese Arten des Lernens bereits bei Neugeborenen möglich sind, erscheint zweifelhaft. Wie verschiedene Untersuchungen zeigen, ist aber im ersten Lebensjahr ein Konditionieren physiologischer Reaktionen möglich (Harris und Katkin, 1975). Die beiden Lernprinzipien sowie ihre Relevanz für die Entstehung emotionaler physiologischer Reaktionen sollen an zwei Beispielen erläutert werden.

Beispiel A (klassisches Konditionieren): Die dreijährige Monika wartet jeden Abend darauf, daß ihr Vater nach Hause kommt. Wenn ihr Vater dann in ihr Zimmer eintritt und auf sie zugeht, schlägt ihr Herz schneller. Sie läuft ihm entgegen und verhält sich insgesamt so, daß ihre Eltern sagen: »Monika freut sich, wenn ihr Vater nach Hause kommt.« Neuerdings besitzt Monikas Vater ein Auto, mit dem er auch zur Arbeit fährt. Wenn er abends nach Hause kommt, fährt er den Wagen hinter das Haus. Monika hört jedesmal das Motorgeräusch. Nach etwa einer Woche beginnt ihr Herz schneller zu schlagen, wenn sie den Wagen ihres Vaters hört. – Ein früher neutraler Reiz (das Motorgeräusch) ist zum Auslöser einer physiologischen Reaktion (Erhöhung der Herzfrequenz) geworden.

Beispiel B (instrumentelles Konditionieren): Holger besucht seit etwa einem halben Jahr den Kindergarten. Es kommt gelegentlich vor, daß er sich dort mit anderen Kindern streitet. Dabei bekam er anfangs gelegentlich einen roten Kopf (was auf eine Erweiterung der Blutgefäße zurückzuführen ist). Holger spürte dann die Wärme im Gesicht. Er merkte aber auch, daß die anderen Kinder dann im Streit meist nachgaben und ihn respektierten. Inzwischen bekommt Holger, ohne es zu wollen, fast immer einen roten Kopf, wenn er in Streit gerät oder sich bei anderen Gelegenheiten unbedingt durchsetzen will. Die anderen Kinder sagen dann, er sei wütend, habe einen Wutanfall u. ä. – Eine im Zusammenhang mit Streit früher nur gelegentlich auftretende Reaktion (Erröten) tritt gehäuft auf, nachdem ihr positive Konsequenzen (sich durchsetzen können) folgten.

Das klassische Konditionieren (s. Abb. 5) besteht darin, daß ein ursprünglich neutraler Reiz mit einem Reiz gekoppelt wird, der bereits eine bestimmte Reaktion hervorruft. Nachdem beide Reize mehrmals miteinander vorgekommen sind, vermag auch der ursprünglich neutrale Reiz die Reaktion auszulösen. Beim instrumentellen Konditionieren (s. Abb. 6) wird eine Reaktion durch nachfolgende negative Konsequenzen (Strafe) »unterdrückt« bzw. durch positive Konsequenzen (Belohnung) dazu gebracht, häufiger aufzutreten oder intensiver zu werden. Wird beim klassischen Konditionieren der konditionierte (vormals neutrale) Reiz immer wieder alleine dargeboten, läßt die Reaktion allmählich nach. Die durch instrumentelles Konditionieren aufgebauten Reaktionen werden gelöscht, wenn die Konsequenzen der Reaktion ständig ausbleiben.

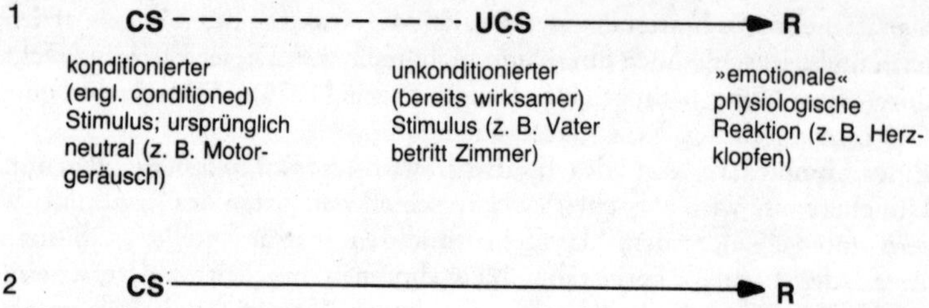

1   CS — — — — — — — — — UCS ——————————▶ R

konditionierter	unkonditionierter	»emotionale«
(engl. conditioned)	(bereits wirksamer)	physiologische
Stimulus; ursprünglich	Stimulus (z. B. Vater	Reaktion (z. B. Herz-
neutral (z. B. Motor-	betritt Zimmer)	klopfen)
geräusch)		

2   CS ——————————————————————▶ R

Abb. 5: Klassisches Konditionieren emotionaler physiologischer Reaktionen

S_D ————————————▶ R - - - - - - - - - $C^{+/-}$

diskriminativer	»emotionale«	pos. oder neg.
Stimulus; d. h. Reiz,	physiologische	Konsequenz
der C vorausgeht (z. B.	Reaktion	(z. B. sich durchsetzen
Streit mit anderen)	(z. B. Erröten)	können)

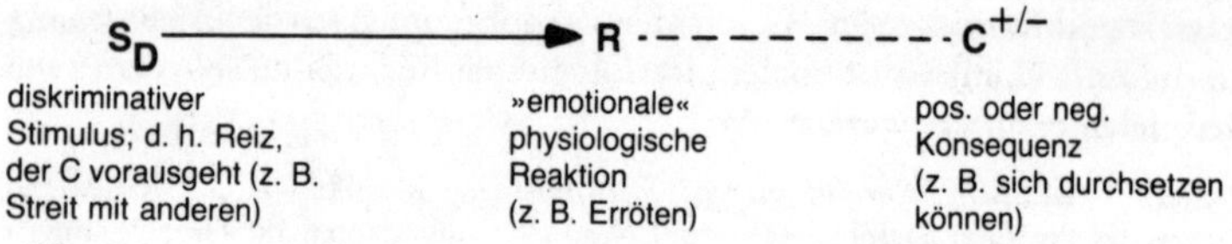

Abb. 6: Instrumentelles Konditionieren emotionaler physiologischer Reaktionen

Ausführliche Darstellungen dieser Lernprinzipien finden sich z. B. bei Bredenkamp und Wippich (1977) und Hilgard und Bower (1973).

Mit Hilfe des *klassischen Konditionierens* kann erklärt werden, daß auf eine Vielzahl von Ereignissen hin eine Reaktion des autonomen Nervensystems erfolgt. »Ausgangsbasis« sind die angeborenen Reiz-Reaktionsverbindungen (z. B. Herzfrequenzreaktion bei plötzlichem Geräusch). Geht einem solchen Reiz mehrmals ein anderer (z. B. Anblick eines Fremden, Klang einer bestimmten Stimme, Öffnen einer Tür) voraus, kann der anfangs neutrale Reiz die Reaktion ebenfalls auslösen. Darüber hinaus werden auch ähnliche Reize zu der Reaktion führen (z. B. Anblick anderer Fremder, ähnlich klingende Stimmen, Klopfen an der Tür). Dieses Phänomen wird Generalisierung genannt. Bezüglich weiterführender Literatur zum klassischen Konditionieren physiologischer Reaktionen kann auf Grings und Dawson (1978, S. 139–145) und Prokasy (1965) verwiesen werden.

Ob alle Reize gleichermaßen geeignet sind, eine bestimmte Reaktion auszulösen, erscheint fraglich. Seligman (1970) nimmt an, daß Organismen eine Bereitschaft besitzen, auf bestimmte Reize zu reagieren. Diese Bereitschaft muß man sich nach Seligman als ein Kontinuum vorstellen. Am Anfang dieses Kontinuums stehen Reize, die bereits nach einmaliger Kopplung mit dem unkonditionierten Reiz selbst die Reaktion auslösen. Das andere Extrem ist dadurch gekennzeichnet, daß selbst nach sehr vielen gemeinsamen Darbietungen der neutrale Reiz die Reaktion nicht auslösen kann. Vielleicht ist in dieser biologischen Bereitschaft der Grund zu sehen, warum viele Menschen zwar beim Anblick von Spinnen und Schlangen autonome Reaktionen zeigen, nicht aber beim Anblick von Radiergummis oder Schuhen. Der menschliche Organismus ist auf die erstgenannten Reize vielleicht leichter konditionierbar.

Bis vor etwa 20 Jahren waren die Lerntheoretiker fast übereinstimmend der Meinung, daß die Reaktionen des autonomen Nervensystems nur durch klassisches Konditionieren modifizierbar sind. Miller veröffentlichte 1969 eine Literaturübersicht, aus der klar hervorgeht, daß in Tierversuchen ein *instrumentelles Konditionieren* autonomer Reaktionen möglich ist. Physiologische Variablen wie Speichelfluß, Herzfrequenz, Magenkontraktionen und Gefäßverengung können verändert werden, indem die Versuchstiere für die erwünschte Intensivierung oder Abschwächung der Reaktion belohnt werden. Als Belohnung wurde in den Experimenten z. B. Wasser (wenn die Tiere durstig waren) oder eine angenehme elektrische Stimulierung des Gehirns verwendet.

Daß auch bei Menschen autonome Reaktionen nach diesem Lernprinzip veränderbar sind, wird durch Literaturübersichten von Kimmel (1967, 1974) belegt. Das Grundprinzip dieser Experimente besteht darin, daß eine bestimmte physiologische Reaktion (z. B. die elektrische Hautleitfähigkeit) gemessen wird und zufällig auftretende Erhöhungen (oder Abnahmen) belohnt werden. Anstatt die erwünschten Veränderungen zu belohnen, kann man auch die unerwünschten bestrafen (z. B. durch Elektroschocks). Dabei ist es nicht einmal notwendig, daß die Versuchspersonen ihre physiologischen Reaktionen in Form von Körpersymptomen selbst wahrnehmen können.

Das Prinzip des instrumentellen Konditionierens wird inzwischen für therapeutische Zwecke genutzt. Beim sogenannten Biofeedback-Training (s. Birbaumer, 1975, S. 162 ff; Grings und Dawson, 1978, S. 149 ff; Legewie und Nusselt, 1975) wird den Versuchspersonen oder Patienten mittels eines Summtons, eines Lichtsignals oder etwa einer Meßskala mitgeteilt, ob beispielsweise ihr Blutdruck gerade zu hoch ist oder ihre Gehirnströme Aktivierung signalisieren. Die Menschen lernen diese Rückmeldung zu nutzen, um ihre physiologischen Prozesse selbst zu beeinflussen. Erfolg und Mißerfolg werden unmittelbar rückgemeldet.

In alltäglichen Situationen werden physiologische Veränderungen natürlich nicht durch die Rückmeldung von Erfolg oder Mißerfolg bekräftigt. Man wird die Reaktionen oftmals überhaupt nicht wahrnehmen. Wahrnehmbar sind jedoch körperliche Symptome wie Herzklopfen, »flaues Gefühl« im Magen, Schwitzen, Erröten und Erblassen. Diesen Veränderungen folgen häufig positive oder negative Konsequenzen und ermöglichen somit ein instrumentelles Konditionieren. Das Herzklopfen des Liebenden wird vielleicht durch Zärtlichkeit belohnt, das durch ein herannahendes Gewitter verängstigte Kind erhält vielleicht als »Belohnung« für sein Herzklopfen und Schwitzen eine erhöhte Zuwendung seiner Mutter.

Wenn man Seligmans (1970) Überlegungen zur »biologischen Bereitschaft« zustimmt, wird man davon ausgehen müssen, daß die einzelnen physiologischen Reaktionen je nach Art der Belohnung oder Bestrafung unterschiedlich leicht konditionierbar sind. Vielleicht ist eine Erhöhung der Magensäuresekretion besonders gut durch leckere Nahrungsmittel und eine Herzfrequenzsteigerung durch soziale Zuwendung konditionierbar.

Welche Schlußfolgerungen ergeben sich aus der Konditionierbarkeit emotionaler physiologischer Reaktionen? Zunächst müssen wir davon ausgehen, daß einige Reaktionsweisen angeboren sind (z. B. Herzfrequenzveränderungen bei plötzlichen Geräuschen). Diese unkonditionierten Reaktionen stellen die Ausgangsbasis für das klassische Konditionieren dar: Andere, ursprünglich neutrale Reize werden ebenfalls zum Auslöser. Darüber hinaus findet eine Generalisierung auf weitere, ähnliche Reize statt. Eine physiologische Reaktion, die aufgrund einer biologischen Veranlagung zunächst von einer bestimmten Kategorie von Reizen ausgelöst wird, kann theoretisch bald durch ein Dutzend andere Stimuli verursacht werden.

Eine zweite Grundlage sind bereits vorhandene physiologische Reaktionen. Sie können durch nachfolgende Belohnung oder Bestrafung intensiviert oder abgeschwächt werden. Wenn diese Konsequenzen situationsgebunden sind, ist eine Kopplung der Reaktion an bestimmte (emotionale) Situationen möglich. Durch instrumentelles Konditionieren wird das Repertoir emotionaler physiologischer Reaktionen also zusätzlich erweitert.

Selbst unter der Annahme einer allen Menschen gemeinsamen biologischen Grundausstattung können durch die o. g. Lernprozesse sehr viele individuelle emotionale Reaktionen entstehen. Sogar ein Lernen komplexer individueller Reaktionsmuster ist möglich. Folgt aus diesen Überlegungen nicht zwangsläufig, daß jeder Mensch auf andere Reize physiologisch reagiert, daß also ein allgemeiner Zusammenhang zwischen Emotionen und Physiologie nicht zu erwarten ist?

Dem muß entgegengehalten werden, daß die gemeinsamen Sozialisationsbedingungen einer totalen Individualisierung des Lernens physiologischer Reaktionen entgegenwirken. Mit welchen neutralen Reizen ein bestimmter unkonditionierter Reiz gekoppelt wird und welche physiologischen Reaktionen von der Umwelt belohnt werden, liegt nicht nur an Zufällen. Gemeinsame Lebensbedingungen und Erziehungspraktiken wirken auf eine gewisse Vereinheitlichung hin. Weiterhin sprechen die von Seligman (1970) aufgezeigten biologischen Grenzen des Lernens gegen diese radikale Schlußfolgerung. Wenn der menschliche Organismus für ganz bestimmte Reiz- Reaktions- und Reaktions- Konsequenz-Verbindungen sensibel ist, folgt daraus eine weitere Einschränkung der Individualisierung des Lernens. Bestimmte Situationen oder Ereignisse werden aufgrund dieser Bereitschaft besonders häufig als Auslöser physiologischer Reaktionen in Erscheinung treten. Wenn diesen Reizen gemeinsam ist, daß sie auch häufig zu emotionalem Verhalten und Gefühlsreaktionen führen, wird verständlich, warum empirisch eine (wenn auch geringe) Korrespondenz zwischen physiologischen und verbalen bzw. Verhaltensreaktionen besteht. Die totale Individualisierung, die aufgrund der Lerngesetze theoretisch möglich ist, wird praktisch also nicht eintreten. Vermutlich wird eine Konzentration physiologischer Reaktionen auf bestimmte Reize stattfinden.

Fazit der Diskussion über die Genese emotionaler physiologischer Reaktionen ist, daß zwischen diesen Reaktionen und emotionalem Erleben bzw. Verhalten weder enge, gesetzmäßige Zusammenhänge noch völlig unsystematische Beziehungen zu erwarten sind.

4.5 Zusammenfassung

Durch das autonome Nervensystem werden verschiedene physiologische Veränderungen gesteuert. Veränderungen der Herzfrequenz, der Hautleitfähigkeit, des Blutdrucks etc. treten nicht nur bei körperlicher Beanspruchung auf, sondern auch bei der Konfrontation mit verschiedenen Reizen. Zahlreiche Untersuchungen haben sich damit beschäftigt, ob ein Zusammenhang zwischen dem Auftreten emotionalen Verhaltens und/ oder subjektiver Gefühle und physiologischen Reaktionen besteht. Die Ergebnisse dieser Untersuchungen zeigen, daß in vielen »emotionalen« Situationen eine Intensivierung physiologischer Prozesse stattfindet. Bei der Interpretation dieser Befunde ist zu beachten, daß sich hinter den Durchschnittswerten teilweise sehr verschiedene individuelle Reaktionen verbergen können und daß die einzelnen physiologischen Variablen oft nur geringfügig miteinander kovariieren. Daher sollte nicht von einer allgemeinen Aktivierung bei Emotionen gesprochen werden.

Verschiedene Untersuchungen gelten der Frage, ob sich einzelne Emotionen in ihren physiologischen Reaktionsmustern unterscheiden. Physiologische Messungen im Labor wie auch Fragebogendaten über Körpersymptome haben zahlreiche Unterschiede zwischen Emotionen aufgezeigt. Die vorliegenden Ergebnisse reichen aber nicht aus, um festzustellen, ob die beobachteten physiologischen Reaktionsmuster tatsächlich emotions- oder nur situationsspezifisch sind.

Ob die bei einem Individuum auftretenden emotionalen physiologischen Reaktionen angeboren oder erlernt sind, läßt sich nicht direkt beantworten. Untersuchungen mit Neugeborenen zeigen, daß auch ohne jegliche Lernerfahrung auf einige Reize (z. B. laute Geräusche) hin physiologische Reaktionen erfolgen. Mit den Gesetzen des klassischen und instrumentellen Konditionierens läßt sich erklären, wie physiologische Reaktionen auch bei zahlreichen anderen Reizen auftreten können. Daß emotionales Erleben und/oder Verhalten in vielen Fällen mit physiologischen Veränderungen einhergehen, kann unter Zuhilfenahme des Konzeptes der »biologischen Bereitschaft« von Seligman (1970) und der Lernprinzipien plausibel gemacht werden. Ein enger, gesetzmäßiger Zusammenhang zwischen beiden Variablen ist diesen Überlegungen zufolge nicht zu erwarten.

5.   Gesichtsausdruck von Emotionen und emotionales Verhalten

5.0 Vorbemerkungen

Im alltäglichen Leben kommt es vor, daß Menschen weinen, miteinander zärtlich sind, lachen, sich gegenseitig beschimpfen oder schlagen. Beobachten wir nicht nur das Verhalten im engeren Sinne, sondern achten auch auf das Gesicht, so werden wir auch hier eine Vielfalt von Ausdrucksweisen bemerken. Aus unseren Beobachtungen ziehen wir die Schlußfolgerung, daß der andere traurig, verliebt, fröhlich oder vielleicht wütend ist. Wir interpretieren also das Beobachtete als Ausdruck bestimmter Emotionen.

Diese Verhaltensweisen und Gesichtsausdrücke sind von großer biologischer und sozialer Bedeutung. In der frühen Mutter-Kind-Interaktion ist eine Verständigung mittels Sprache noch nicht möglich. Daher ist es für die Kleinkinder wichtig, daß die Mutter das Schreien, Lächeln, den Gesichtsausdruck des Ekels oder der Angst richtig interpretiert und entsprechend handelt. Je besser sie die »emotionalen« Reaktionen ihres Kindes versteht, desto besser kann sie auf seine Bedürfnisse eingehen. Umgekehrt spielt auch der Gesichtsausdruck und das Verhalten der Mutter eine wichtige Rolle für die Entwicklung des Kindes.

Auch in der Kommunikation zwischen Erwachsenen stellt der Gesichtsausdruck von Emotionen und das emotionale Verhalten einen wichtigen Faktor dar. Wir zeigen uns manchmal verärgert, traurig oder erfreut. Diese Signale zeigen dem anderen an, wie man etwas bewertet, wie wir uns gleich verhalten werden oder welche Verhaltensweisen wir von ihm erwarten. Der Gesichtsausdruck des Ekels bedeutet, daß wir die Speise nicht mögen, der Ausdruck von Wut kann einen Angriff androhen, das Zeigen von Angst oder Traurigkeit kann bedeuten, daß man um Nachsicht oder Hilfe bittet. Das Besondere an diesen Gesichtsausdrücken und Verhaltensweisen ist, daß sie neben der sprachlichen Kommunikation ablaufen, diese erläutern oder sogar völlig ersetzen können.

Welche Emotionen im Gesichtsausdruck und im Verhalten erkannt und unterschieden werden, ist Gegenstand der ersten beiden Abschnitte. Die Trennung von Verhalten und Gesichtsausdruck ist etwas künstlich (der Gesichtsausdruck könnte auch als ein Verhaltensaspekt aufgefaßt werden). Sie ist durch unterschiedliche Forschungstraditionen bedingt und erweist sich auch bei der Darstellung der Ergebnisse als nützlich. In Analogie zum dritten Kapitel wird auch hier, soweit dies möglich ist, zwischen dimensionalen und kategorialen Ordnungsversuchen unterschieden.

Auf einen weiteren Aspekt emotionalen Verhaltens kann hier nicht eingegangen werden: die Qualität der Stimme. Wie das Gesicht läßt die

Stimme nicht nur Rückschlüsse auf konstante Merkmale (z. B. Alter und Geschlecht) zu, sondern auch auf den emotionalen Zustand. Bisher wurden nur bestimmte Aspekte der Stimme (z. B. Grundfrequenz) mit Emotionen in Verbindung gebracht. Untersuchungen zur Systematik emotionaler Merkmale der Stimme fehlen bisher. Daher wird hier nur auf weiterführende Literaturübersichten verwiesen: Scherer (1979) und Vetter (1969).

Den Methoden zur Einstufung des Gesichtsausdrucks und Verhaltens ist ein eigener Abschnitt gewidmet, da keine deutschsprachigen Übersichten zur Verfügung stehen. Wie bereits beim sprachlichen Ausdruck (Kap. 3) besteht auch hier eine enge Wechselbeziehung zwischen den Meßmethoden und den Forschungsergebnissen.

Die Entstehung des emotionalen Verhaltens und Gesichtsausdrucks wird im letzten Teil des Kapitels untersucht. Neben entwicklungspsychologischen Befunden zum Gesichtsausdruck werden auch Beobachtungen an Blindgeborenen und kulturvergleichende Untersuchungen zu erwähnen sein. Dadurch läßt sich ein besseres Bild von den biologischen und sozialen Wurzeln des Gesichtsausdrucks gewinnen. Das Kapitel wird mit Überlegungen zum Erlernen emotionalen Verhaltens und mimischer Reaktionen abgeschlossen.

Zum Wesen der Emotionen, die wir aus dem Gesichtsausdruck und dem Verhalten folgern, ist noch eine Bemerkung angebracht. Wir müssen sehr klar zwischen dem, was wir beobachten, und dem, was wir in das Beobachtete hineininterpretieren, unterscheiden. Der Schritt vom Beobachteten (z. B. Anheben der Mundwinkel) zu dessen vermeintlichen Ursachen (Freude) erfolgt manchmal fast automatisch. Wir glauben zu *sehen*, daß der andere Wut, Angst oder Ekel hat. In Wirklichkeit handelt es sich dabei um eine Interpretation. Die Untersuchungen, die in diesem Kapitel zu berichten sind, handeln von solchen Interpretationen. Wenn von einem emotionalen Gesichtsausdruck die Rede ist, so handelt es sich um eine mimische Reaktion, die von Laien oder auch Wissenschaftlern als Ausdruck einer Emotion *interpretiert* wird. Die Emotion ist gewissermaßen nicht im Kopf des Darstellers, sondern im Kopf des Beobachters zu suchen.

5.1 Kategorien emotionalen Verhaltens

Stellen wir uns einmal folgende Situation vor: Ein Kind hat den Hund seines Großvaters ausführen dürfen und dabei ist ihm das Tier entlaufen. Das Kind sucht den Hund und findet ihn nach einiger Zeit. Es läuft mit ausgestreckten Armen auf ihn zu und ruft dabei seinen Namen. – Ist dieses Verhalten Ausdruck von Freude? Können wir weitere Verhaltensweisen nennen, die typisch für Freude sind? Können (und wollen) wir alle Verhaltensweisen auflisten und sie danach einteilen, welche Emotionen sie ausdrücken?

Eine kurze Überlegung zeigt, daß dies nicht möglich ist. Ein und dieselbe Verhaltensweise kann als Ausdruck völlig verschiedener Emotionen interpretiert werden. Entscheidend ist der Situationszusammenhang. Ein Beispiel soll dies verdeutlichen: Wenn zwei Menschen die Arme umeinanderschlingen, kann dies als Begrüßungsritual (keine Emotion) oder aber auch als Freude, Liebe oder Angst interpretiert werden. Von Freude würden wir sprechen, wenn beide eine gute Nachricht erhalten haben, von Liebe, wenn sich beide unbeobachtet fühlen und kein äußerer Anlaß erkennbar ist, und von Angst, wenn sich ein Kind beim Anblick eines Fremden an seine Mutter klammert. Ohne Kenntnis der Situation kann ein Verhalten also nicht als Ausdruck einer Emotion interpretiert werden. Hierin unterscheidet es sich vom Gesichtsausdruck.

Dies mag ein Grund dafür sein, daß es keine empirischen Untersuchungen über die Dimensionen emotionalen Verhaltens oder zur Klassifikation dieser Phänomene gibt. Ein anderer Grund ist sicherlich, daß Verhaltensabläufe und Situationszusammenhänge derart komplex sind und in einer fast unendlichen Vielfalt beobachtbar sind, daß eine systematische Erfassung (durch Beschreibungen oder Filmaufzeichnungen) praktisch unmöglich ist.

Mangels empirischer Untersuchungen nach dem Vorbild der Gefühls- und Gesichtsausdrucksanalyse soll hier eine andere Art von Daten präsentiert werden. Zwei Emotionstheoretiker, Izard (1977) und Plutchik (1980) sehen eine bestimmte Anzahl von Emotionen als »fundamental« an, d. h. sie halten sie für Grundemotionen, aus denen sich andere Emotionen ableiten oder zusammensetzen. Bei Izard sind dies Interesse, Freude, Überraschung, Unbehagen, Ärger, Ekel, Verachtung, Furcht, Scham und Schuld. Plutchik nennt Furcht, Ärger, Freude, Traurigkeit, Anerkennung, Ekel, Erwartung und Überraschung. Diese Klassifikationen beruhen teilweise auf theoretischen Überlegungen und teilweise auf Untersuchungen zum Gesichtsausdruck und zum emotionalen Erleben (Sprache). Tab. 4 enthält die sich teilweise überlappenden Emotionsklassifikationen der beiden Autoren sowie die nach ihrer Ansicht typischen Verhaltensweisen. Plutchiks Angaben sind vor dem Hintergrund seiner evolutionstheoretisch ausgerichteten Emotionstheorie zu sehen. Izard machte sich dagegen das Alltagswissen von Studenten zunutze; die von ihm aufgeführten Verhaltensweisen basieren auf Versuchspersonenbefragungen. (In Tab. 4 sind jeweils nur die zwei am häufigsten genannten Kategorien angegeben. In Klammern steht die prozentuale Häufigkeit der Nennungen.)

Die in Tab. 4 aufgeführten Verhaltenskategorien sind größtenteils sehr abstrakt. Nur so ist auch zu erklären, daß eine mittelmäßig große Übereinstimmung der Versuchspersonen zu verzeichnen ist. Konkrete emotionale Verhaltensweisen sind derart vielfältig, daß eine Systematisierung nicht möglich ist. Der Erkenntniswert solcher Verhaltensklassifikationen ist gering. Auf eine ausführliche Diskussion wird daher verzichtet.

Tabelle 4: Typische emotionale Verhaltensweisen (nach Izard, 1977, und Plutchik, 1980)

Emotion	Verhalten nach Izard		nach Plutchik
Ärger	1. versuchen, sich selbst oder die Situation zu kontrollieren	(36%)	angreifen
	2. verbaler oder physischer Angriff gegen Objekt des Ärgers	(24%)	
Anerkennung	–		aufnehmen
Ekel (Abscheu)	1. aus der Situation herausgehen	(40%)	abweisen
	2. eine Lösung für das Problem finden	(21%)	
Erwartung	–		erkunden
Freude	1. Dinge bevorzugen	(28%)	sich vereinigen
	2. Freude sprachlich oder körperlich ausdrücken	(19%)	(cooperating)
Furcht	1. weglaufen, sich zurückziehen, sich schützen	(45%)	flüchten
	2. der Situation ins Auge sehen, sie bewältigen, versuchen, sich mutig zu verhalten	(33%)	
Interesse	1. etwas lernen, erreichen, an etwas teilnehmen, Wissen erwerben	(59%)	–
	2. etwas gut machen, sein Bestes geben	(27%)	
Scham	1. bereuen, büßen, wiedergutmachen, verändern, verbessern, Verstoß nicht wiederholen	(49%)	–
	2. absichtlich alleine sein, sich von anderen zurückziehen	(22%)	
Schuld	1. ähnliches Verhalten wie bei Scham		–
Überraschung	1. versuchen, die Ursache zu verstehen	(29%)	stoppen
	2. Wiederherstellung der Kontrolle über sich selbst oder die Situation	(22%)	
Unbehagen bzw. Traurigkeit	1. versuchen, darüber hinwegzukommen	(30%)	nach Hilfe rufen
	2. Traurigkeit sprachlich oder körperlich ausdrücken	(18%)	
Verachtung	1. verbaler oder physischer Ausdruck von Verachtung	(39%)	–
	2. Objekt der Verachtung oder Situation ignorieren oder meiden	(21%)	

Wie bereits im Zusammenhang mit der Geschichte der Emotionspsychologie ausgeführt wurde (vgl. 2.1.4), gelang es in den frühen
Untersuchungen nicht, Gesichtsausdrücke eindeutig verschiedenen
Emotionen zuzuordnen. Sollte ein Gesichtsausdruck etwa nach Ansicht
des Darstellers oder des Experimentators Freude ausdrücken, so
interpretierten ihn manche Versuchspersonen vielleicht als Ausdruck von
Heiterkeit, Lust oder Vergnügen – selten aber als Angst oder Traurigkeit.
Die Beurteiler kamen dem »wahren« Ausdruck also meist ziemlich »nahe«,
d. h. sie gaben ähnliche Emotionen an. Wenn aber die Beurteilerfehler
etwas mit der Ähnlichkeit bzw. Unähnlichkeit von Gesichtsausdrücken
(oder Emotionswörtern) zu tun haben, kann man fragen, worin diese
Ähnlichkeit oder Unähnlichkeit besteht. Die Beantwortung dieser Frage
führt letztlich zur Erstellung von Ordnungssystemen für den emotionalen
Gesichtsausdruck.
Einige Forscher fragten, mit welchen Begriffsdimensionen die Ähnlichkeit
bzw. Unähnlichkeit der Gesichtsausdrücke beschrieben werden kann. In
Anlehnung an Kapitel 3 wollen wir dies den *Dimensionsansatz* nennen.
Der zweite Forschungsansatz gilt der Frage, welche Gesichtsausdrücke
einander so ähnlich sind, daß man sie zu einer Gruppe zusammenfassen
kann, und welche derart verschieden sind, daß sie die Bildung
unterschiedlicher Gruppen rechtfertigen. Wiederum in Analogie zum
dritten Kapitel wollen wir hier vom *Klassifikationsansatz* sprechen.
Die Suche nach den *Dimensionen* des Gesichtsausdrucks wurde stark
durch theoretische Überlegungen Schlosbergs beeinflußt. In einem 1952
veröffentlichten Artikel vertrat er die Ansicht, daß die Dimensionen
Lust–Unlust und Zuwendung (attention)–Abwendung (rejection) ausrei-
chen, um die verschiedenen Gesichtsausdrücke von Emotionen einzuord-
nen. Er konnte zeigen, daß eine Bilderserie von Gesichtsausdrücken auf
plausible Weise in diesem zweidimensionalen System geordnet werden
kann. Der Gegensatz Lust–Unlust wird etwa durch Emotionen wie Liebe
bzw. Ärger charakterisiert. Eine Emotion mit hoher Zuwendung (im Sinne
von Aufmerksamkeit) wäre Überraschung, eine mit hoher Abwendung
dagegen Ekel. Später (1954) hat Schlosberg unter dem Einfluß der sog.
Aktivationstheorien eine dritte Dimension, Aktiviertheit, als notwendig
erachtet. Diese Dimension wird durch den Gegensatz Anspannung–Schlaf
charakterisiert.
Die Schlosbergschen Dimensionen haben in der weiteren Gesichtsausdrucksforschung eine bedeutende Rolle gespielt. Sie haben oftmals die
Auswahl der zu beurteilenden Gesichtsausdrücke und der Einstufungsska-
len beeinflußt.
Im folgenden soll die Methode zur empirischen Ermittlung von
Dimensionen des Gesichtsausdrucks kurz beschrieben werden (s. a.
Ekman et al., 1974). Formal gleicht sie der Methode zur Gewinnung von

sprachlichen Emotionsdimensionen (vgl. 3.2). Drei Phasen kennzeichnen das Vorgehen. Zunächst wird eine Sammlung von Gesichtsausdrücken erstellt, diese Stimuli werden von Versuchspersonen nach ihrer Ähnlichkeit beurteilt, und diese Ähnlichkeitsurteile werden schließlich mit statistischen Methoden ausgewertet. Als Ergebnis erhält man abstrakte Dimensionen.

Die Auswahl der Gesichtsausdrücke sollte eigentlich mit der gleichen Sorgfalt erfolgen, wie sie auch bei der Erstellung eines Emotionsvokabulars (vgl. 3.1) erforderlich ist. Die Auswahl sollte also erstens repräsentativ für alle möglichen Gesichtsausdrücke von Emotionen sein. Zweitens wäre die Abgrenzung zwischen Emotionen und Nichtemotionen (etwa Ermüdung) zu beachten. Darüber hinaus sollten die Gesichtsausdrücke nicht nur von einer Person stammen, sondern von verschiedenen. Diese Forderung sollte erfüllt sein, weil man die Ergebnisse schließlich auf alle Menschen verallgemeinern will. In der Praxis ist es offenbar nicht möglich, alle drei Anforderungen zu erfüllen. Die meisten Untersuchungen arbeiten mit Fotografien von einer einzigen Person, die schauspielerisch begabt ist und verschiedene Emotionen darstellt. Die Bildserien werden meist nach diesem Darsteller benannt. Es gibt jedoch auch Ausnahmen von diesem Vorgehen. Osgood (1966) ließ die Emotionen von Studenten live darstellen, Dittman (1972) filmte sechs Personen während eines Interviews und suchte aus dem Filmmaterial 25 Ausschnitte von je drei Sekunden aus.

Die Beurteilung der Gesichtsausdrücke erfolgt meistens mit Hilfe eines Semantischen Differentials. Auf Skalen wie »kontrolliert–unkontrolliert«, »ruhig–erregt«, »traurig–fröhlich« sind die einzelnen Gesichtsausdrücke einzustufen. Eine Alternative zum Semantischen Differential ist der Paarvergleich. So ließen Abelson und Sermat (1962) jeweils zwei Bilder miteinander vergleichen. Die Versuchspersonen mußten dabei auf einer Skala ankreuzen, wie ähnlich bzw. unähnlich die Bilder einander sind. Eine weitere Methode wurde von Osgood (1966) praktiziert. Seine Versuchspersonen hatten auf einer Liste anzukreuzen, welche Emotion ihrer Meinung nach jeweils dargestellt wurde. Ähnlich ging Dittman (1972) vor.

Als Ergebnis dieser Einstufungen erhält man Daten, die in Ähnlichkeits-maße für die vorgegebenen Gesichtsausdrücke umgerechnet werden können. Auf methodische Einzelheiten soll hier nicht eingegangen werden. Mit den anfallenden Ähnlichkeitsmaßen wird dann eine Faktorenanalyse oder eine andere Dimensionsanalyse durchgeführt. Ergebnis ist eine Anzahl von Dimensionen, deren Benennung sich danach richtet, welche Gesichtsausdrücke hoch, welche niedrig und welche u. U. sogar negativ auf ihnen laden. Wenn etwa eine Dimension dadurch charakterisiert ist, daß auf dem einen Ende der Gesichtsausdruck von Freude, Heiterkeit und Stolz und am anderen Ende der von Angst, Traurigkeit und Ekel zu finden ist, liegt die Interpretation »angenehm–unangenehm« oder »Lust–Unlust« nahe.

Welche Dimensionen in den einzelnen Untersuchungen gefunden wurden, geht aus Tab. 5 hervor. Die Unterschiede zwischen den Befunden können darauf beruhen, daß unterschiedliche Stimuli, Einstufungsmethoden und/oder verschiedene Auswertungsmethoden verwendet wurden. Auch die Zusammensetzung der Versuchspersonenstichprobe kann eine Rolle spielen. Es ist jedoch nicht möglich, die beobachteten Differenzen im Einzelfall zu begründen. Wir wollen uns daher den Gemeinsamkeiten

Tabelle 5: Dimensionen des Gesichtsausdrucks

Autor(en)	Stimulusmaterial	gefundene Dimensionen	
		Lust-Unlust	weitere
Hofstätter (1956)	8 Fotos aus der Frois-Wittmann-Serie		Positive Zuwendung Negative Zuwendung 2 weitere unbenannte
Abelson und Sermat (1962)	13 Fotos aus der Lightfoot-Serie	×	Anspannung – Schlaf 3 weitere unbenannte
Gladstones (1962)	10 Fotos aus der Lightfoot-Serie	×	Schlaf – Anspannung Ausdruckslos – Mobil
Frijda und Philipszoon (1963)	30 Fotos aus der Nelly-Serie	×	Intensität Aufmerksame Aktivität Natürlichkeit und Unterwerfung
Kauranne (1964)	30 Fotos aus der Frois-Wittmann-Serie	×	Verachtung
Hastorf et al. (1966)	35 Fotos (Osgood-Serie)	×	Aktivierung Absichtlich – Unabsichtlich
Osgood (1966)	40 live dargestellte Emotionen (mehrere Studenten)	×	Aktivierung Kontrolle
Frijda (1969)	wie Frijda und Philipszoon (1963)	×	Intensität Aufmerksame Aktivität Natürlichkeit und Unterwerfung
Frijda (1970)	62 bzw. 68 Fotos aus der Nelly- bzw. Jerome-Serie	×	Intensität – Kontrolle/Indifferenz Selbstbehauptung – Abhängigkeit Natürlich – Künstlich Aufmerksamkeit – Desinteresse
Dittmann (1972, S. 67 ff.)	25 Filmausschnitte von je 3 Sek. (6 Personen in Interview)	×	Grad der Aktivierung Vertrauensvoll – Nicht vertrauensvoll 1 weitere unbenannte

zuwenden, die trotz unterschiedlicher Voraussetzungen (s. o.) festzustellen sind.

In fast allen Untersuchungen wurde eine Lust–Unlust Dimension gefunden. Lediglich in der Arbeit von Hofstätter (1956) trat diese Dimension nicht auf, was möglicherweise auf den geringen Umfang des Stimulusmaterials (acht Bilder) zurückzuführen ist. Der Lust–Unlust-Gegensatz wird nicht nur am häufigsten berichtet, er scheint darüber hinaus auch die wichtigste Dimension zu sein, gemessen an der Varianzaufklärung. Praktisch bedeutet dies, daß der Gesichtsausdruck primär danach beurteilt wird, wie angenehm oder unangenehm die gezeigten Emotionen sind. Der Unterschied zwischen Emotionen wie Freude, Heiterkeit und Zufriedenheit einerseits und Angst, Ekel und Ärger andererseits ist deutlicher und wichtiger als alle anderen Unterschiede. So wie Blumen wohl primär durch ihre Schönheit und Gebrauchsgegenstände durch ihre Nützlichkeit charakterisiert werden, beurteilt man Emotionen im Gesichtsausdruck am ehesten danach, wie angenehm oder unangenehm sie sind.

Die zweitwichtigste und auch am zweithäufigsten berichtete Beschreibungsdimension könnte man »Aktivierung« nennen. Bei einigen Autoren ist stattdessen von »Anspannung–Schlaf« die Rede, bei anderen von »Intensität«. Wenn man berücksichtigt, daß diese Bezeichnungen immer in gewissem Grad willkürliche Interpretationen einer Datenstruktur darstellen, erscheint die Unterordnung unter den Begriff »Aktivierung« gerechtfertigt. Das eine Ende dieser Dimension kann durch Adjektive wie »erregt«, »angespannt«, »intensiv« charakterisiert werden, das andere durch »ruhig«, »schläfrig«, »schwach«. Typische Emotionen sind Wut, Freude und Angst bzw. Traurigkeit und Zufriedenheit.

Neben den Dimensionen »Lust–Unlust« und »Aktivierung« wurden noch einige weitere gefunden. Die Übereinstimmung zwischen den einzelnen Arbeiten ist jedoch zu gering, um diese Dimensionen als allgemein relevant für den Gesichtsausdruck anzusehen. Damit soll nicht bestritten werden, daß der Gesichtsausdruck mehr oder weniger natürlich oder künstlich, ausdruckslos oder beweglich, kontrolliert oder unkontrolliert sein kann, daß man etwa Aufmerksamkeit, Zuwendung oder Desinteresse hineininterpretiert. Diese Beschreibungsdimensionen können bei der Beurteilung eines Gesichtsausdruckes durchaus eine Rolle spielen. Sie treten jedoch deutlich hinter die Beschreibungsdimensionen »Lust–Unlust« und »Aktivierung« zurück und sind u. U. sogar nicht einmal notwendig, um zu differenzieren.

Offenbar unterscheiden sich nicht nur die Gesichtsausdrücke von Erwachsenen primär darin, wie angenehm oder unangenehm und aktiviert sie erscheinen, sondern auch die von Kleinkindern. Emde et al. (1978) fanden diese Dimensionen bei der Analyse von Fotos drei bis vier Monate alter Babies. Dieser Befund spricht für die Allgemeingültigkeit der beiden Dimensionen zur Beschreibung emotionaler Gesichtsausdrücke.

Empirische Untersuchungen zur *Klassifikation* des emotionalen Gesichtsausdrucks sind weitaus seltener als solche zur Dimensionierung. Einteilungen der Emotionen aufgrund theoretischer Überlegungen sowie Zuordnungen von Gesichtsausdrücken zu vorgegebenen Emotionskategorien sollen uns hier nicht interessieren. Es geht hier allein um die Frage, welche Emotionskategorien man findet, wenn man Ähnlichkeitsurteile zu einer Vielzahl von Gesichtsausdrücken clusteranalytisch auswertet.

Zwei der drei Klassifikationsstudien basieren auf Datenmaterial, das zusätzlich auch dimensionsanalytisch ausgewertet wurde (Osgood, 1966; Frijda, 1970). In der dritten Untersuchung (Stringer, 1967) gruppierten die Versuchspersonen 30 Fotos aus der Nelly-Serie nach dem Kriterium der Ähnlichkeit. Die Daten wurden clusteranalytisch ausgewertet. Insgesamt ist die Übereinstimmung zwischen den Ergebnissen der drei genannten Untersuchungen sehr gering. Während Stringer fünf Emotionskategorien fand, meint Frijda, daß mindestens 18 Emotionen im Gesichtsausdruck unterschieden werden. Osgood schließlich fand mit drei verschiedenen Auswertungsmethoden Überlappungen zwischen 7 Clustern. Unterschiede zwischen den einzelnen Untersuchungen sind zu einem erheblichen Teil darauf zurückzuführen, daß unterschiedlich starke Differenzierungen angestrebt wurden. Die Entscheidung, wie viele Emotionskategorien angemessen sind, ist in einem gewissen Grade immer willkürlich. Betrachtet man die Gemeinsamkeiten der drei Untersuchungen, so findet man folgendes: Osgood und Stringer berichten übereinstimmend die Kategorien »Überraschung«, »Freude« und »Ekel«, sowohl Osgood als auch Frijda haben »Angst«- und »Ärger«-Cluster gefunden, und Stringer und Frijda zeigen einige Übereinstimmung bezüglich einer Kategorie »Besorgtheit«. Wir können diese Überlappungen als Hinweis dafür ansehen, daß sich Gesichtsausdrücke, die als Überraschung, Freude, Ekel, Angst, Ärger und Besorgtheit interpretiert werden, relativ deutlich voneinander unterscheiden. Innerhalb dieser Kategorien wird vermutlich schlecht differenziert, was entweder an der Auswahl der verwendeten Fotos, an der mangelnden Eindeutigkeit von Emotionswörtern und/oder an einer geringen Unterscheidbarkeit solcher Gesichtsausdrücke liegen mag. Interessanterweise haben kulturvergleichende Untersuchungen gezeigt, daß genau diese sechs Emotionen von Mitgliedern aller Kulturen zuverlässig erkannt und unterschieden werden (Ekman und Oster, 1979).

5.3 Die Messung des emotionalen Verhaltens und Gesichtsausdrucks

Will man das Verhalten und den Gesichtsausdruck im Rahmen eines Experimentes, einer gruppendynamischen Veranstaltung oder eines Therapieverlaufs auf ihre emotionale Aussage hin registrieren, hat man verschiedene Möglichkeiten. Am einfachsten zu praktizieren ist eine

Einstufung auf Emotionsskalen, wie sie in Kap. 3.3 beschrieben wurde. Der Unterschied besteht darin, daß nicht das Individuum selbst seine Gefühle vorgegebenen Kategorien zuordnet, sondern daß Beobachter aufgrund des Verhaltens und des Gesichtsausdrucks Schlußfolgerungen über die Emotionen eines Individuums treffen und ihr Urteil durch Ankreuzen der beobachteten Emotion (u. U. auch deren Intensität oder Häufigkeit) dokumentieren. Welche Emotionen bei reinen Verhaltens-beurteilungen vorgegeben werden, könnte sich nach den in Kap. 5.1 vorgestellten theoretischen Einteilungen der Emotionen richten. Aber auch in Kap. 3.3 dargestellte Verfahren könnten für die Messung des Verhaltens »zweckentfremdet« werden. Falls als Beobachtungsmaterial nur der Gesichtsausdruck zur Verfügung steht, bieten sich diejenigen Emotionskategorien zur Einstufung an, die vermutlich im Gesichtsaus-druck unterscheidbar sind (vgl. 5.2): Überraschung, Freude/Glück, Ekel, Angst, Ärger und Sorge/Traurigkeit.

Die Beurteilungsgenauigkeit läßt sich dabei durch ein Training der Beobachter verbessern. Dafür bieten sich die mit Fotografien illustrierten Beschreibungen von Ekman und Friesen (1975) an. Die Autoren schildern detailliert den Gesichtsausdruck von Überraschung, Furcht, Ekel, Ärger, Glück und Traurigkeit. Die Beurteiler können so für die jeweils typischen Gesichtsausdruckskomponenten sowie für die wesentlichsten Unterschei-dungsmerkmale sensibilisiert werden. Weitere Emotionen vorzugeben, ist nicht sinnvoll. Die Beurteiler werden sie nicht zuverlässig von den anderen unterscheiden können.

Während die Beobachter bei dem soeben beschriebenen Ansatz ein komplexes Geschehen analysieren und zu einem Urteil über die Existenz oder sogar Intensität einer bestimmten Emotion kondensieren müssen, wird bei einer anderen Methode auf solche Interpretationsleistungen verzichtet. Die Interpretationen sind subjektiv und stellen somit immer eine Fehlerquelle dar. Die Überlegung, die dem nun zu beschreibenden Ansatz zugrunde liegt, ist folgende: Wenn es gelingt, herauszufinden, welche Merkmale des Verhaltens und des Gesichtsausdrucks dafür verantwortlich sind, daß Beobachter eine bestimmte Emotion sehen, kann man diese Merkmale direkt einstufen lassen. Angenommen, Beurteiler würden einen Gesichtsausdruck immer dann als Freude interpretieren, wenn die Mundwinkel hochgezogen sind und daß dieses Merkmal alleine für den Ausdruck der Freude charakteristisch ist. Dann könnte man statt des ganzen Gesichtes die Stellung der Mundwinkel beobachten und protokollieren lassen. In einem zweiten Schritt kann die reine Beobachtungssprache (z. B. »Mundwinkel hochgezogen«) in eine Interpretationssprache (»Freude«) übersetzt werden.

Nach diesem Prinzip wurden Beobachtungsinstrumente für den Gesichtsausdruck konstruiert. Die *Facial Affect Scoring Technique* (FAST; etwa: Technik zur Einstufung des emotionalen Gesichtsausdrucks) von Ekman und Mitarbeitern (siehe Ekman et al., 1971, 1974) basiert auf einem

Vergleich des beobachteten Gesichtsausdrucks mit verschiedenen Bildvorlagen. Allerdings wird nicht das ganze Gesicht beurteilt, sondern die Gesichtspartien Stirn und Augenbrauen, Augen und Augenlider sowie die untere Gesichtshälfte werden getrennt analysiert. Der Beurteiler macht bei diesem Verfahren keine Aussagen über Emotionen, sondern beschreibt nur den Gesichtsausdruck durch Angabe der Nummern der Vergleichsmuster. In den FAST-Unterlagen finden sich Ziffernkombinationen für die Emotionen Angst, Ärger, Ekel, Trauer, Überraschung und Freude, mit deren Hilfe das Beobachtungsprotokoll interpretiert werden kann.

Eine Weiterentwicklung dieses Verfahrens ist das *Facial Action Code System* (FACS; etwa: Verschlüsselungssystem für Gesichtsbewegungen) von Ekman und Friesen (1976, 1978a und b). Es wurde nicht speziell für die Emotionsforschung entwickelt, kann aber dafür verwendet werden. Der Grundgedanke ist, *alle* sichtbaren Gesichtsbewegungen zu klassifizieren, unabhängig davon, ob sie für Emotionen relevant sind oder nicht. Die Entwicklung des Verfahrens war sehr aufwendig; die Autoren stellten umfangreiche anatomische Studien an und beobachteten sich selbst immer wieder vor dem Spiegel oder mit Hilfe der Kamera. Ihr Ziel war es, alle unterscheidbaren Bewegungseinheiten zu isolieren und herauszufinden, welche Gesichtsmuskeln dafür verantwortlich sind. In dem Manual werden etwa 100 minimale Verhaltenseinheiten sowie häufig vorkommende Kombinationen beschrieben, Instruktionen zu ihrer Simulation gegeben und die muskulären Grundlagen benannt. Außerdem steht fotografisches und filmisches Anschauungsmaterial zur Verfügung. Will man das FACS zur Messung von Emotionen verwenden, muß man die Beobachtungsprotokolle mit den Ziffernkombinationen vergleichen, die für Überraschung, Furcht, Freude, Traurigkeit, Ekel und Ärger angegeben sind. Allerdings ist die empirische Basis für diese »Übersetzungsregeln« noch schmal. Obwohl in der Literatur erst ein Anwendungsfall beschrieben wurde (Ekman et al., 1980), erscheint das Verfahren vielversprechend für die künftige Emotionsforschung zu sein. Als Nachteil ist sicherlich zu werten, daß die Trainingszeit etwa 100 Stunden beträgt.

Eine dritte Möglichkeit, den Gesichtsausdruck zu messen, besteht darin, die elektrischen Veränderungen der Gesichtsmuskeln mit Oberflächenelektroden zu messen. Mit der Elektromyographie (EMG) können sogar geringe, nicht sichtbare Muskelaktivitäten erfaßt werden. Schwartz et al. (1976) haben demonstriert, daß mit dieser Methode zwischen den mimischen Reaktionen von Versuchspersonen unterschieden werden kann, die sich entweder vorstellten glücklich oder traurig zu sein. Der Anwendungsbereich des Gesichts-EMGs ist allerdings klein. Die Versuchspersonen können sich durch die Elektroden gestört fühlen. Außerdem besteht die Gefahr, daß die Meßergebnisse durch Bewegungen unbrauchbar werden. Im übrigen muß sich die Messung immer auf einige ausgewählte Muskelpartien beschränken und ist selbst immer (ähnlich wie die Verhaltenseinheiten im FACS) interpretationsbedürftig.

5.4 Die Genese des emotionalen Verhaltens und Gesichtsausdrucks

Grundsätzlich können wir fragen, welche emotionalen Gesichtsausdrücke und Verhaltensweisen angeboren und welche erlernt sind. Beim Gesichtsausdruck ist eine solche Unterteilung fruchtbar, beim sonstigen Verhalten jedoch nicht. Der Gesichtsausdruck ist relativ gut meßbar. Zudem können wir die entwicklungspsychologischen Befunde durch Beobachtungen an Blinden und durch kulturvergleichende Untersuchungen absichern (s. u.). Verhaltensreaktionen entziehen sich dagegen einer eindeutigen Klassifikation und Messung. Folglich ist es nicht möglich, ihre Entwicklung präzise zu beschreiben. Wir müssen uns hier auf einige sehr elementare Formen (z. B. Schreien) beschränken und können die Entstehung komplexer Verhaltensweisen nur allgemein im Rahmen der Lernpsychologie diskutieren. Im folgenden wenden wir uns zunächst der Frage zu, welche Reaktionen als angeboren gelten können. Dabei liegt der Schwerpunkt aus den o. g. Gründen auf dem Gesichtsausdruck. Anschließend wird untersucht, welche Rolle den Lernprozessen bei der Entstehung mimischer- und Verhaltensreaktionen zukommt.

5.4.1 Entwicklungspsychologische Beiträge

Der eindeutigste Beweis dafür, daß eine Reaktion genetisch bedingt ist, besteht in dem Nachweis, daß sie bereits unmittelbar nach der Geburt auftritt. Schließt man die wenig plausible Annahme aus, daß emotionale Reaktionen bereits im Mutterleib oder während der Geburt erworben werden, so kann man das Reaktionsrepertoire Neugeborener als Teil einer »biologischen Grundausstattung« ansehen und untersuchen.

Unter normalen Lebensbedingungen zeigen Neugeborene zwei Reaktionen, die als emotional gelten könnten: sie schreien und sie lächeln. Das Lächeln ist jedoch endogen (Sroufe, 1979, Sroufe und Waters, 1976), d. h. es erfolgt ohne äußere Reize und zudem nur im Schlaf. Man wird es also nicht als Ausdruck einer Emotion ansehen. Das Schreien dagegen ist reaktiv. Allerdings kommen verschiedene Auslöser dafür in Frage (z. B. Hunger, Schmerz). Es ist also zu unspezifisch, um als emotionales Verhalten zu gelten. In einer bekannten entwicklungspsychologischen Studie kommt Bridges (1932) zu dem Schluß, daß Neugeborene noch keine Emotionen zeigen. Diese Auffassung wird auch in einigen neueren Arbeiten vertreten (z. B. Sroufe, 1979).

Konfrontiert man aber Neugeborene mit bestimmten Reizen, die allerdings für ihre Umweltbedingungen nicht typisch sind, ergibt sich ein anderes Bild. Untersuchungen von Steiner (1979) haben gezeigt, daß viele Neugeborene bereits sehr unterschiedlich auf verschiedene Gerüche und Geschmacksreize reagieren. Träufelt man ihnen Zuckerlösung auf die Zunge oder hält ihnen einen mit angenehmen Lebensmittelaromen (z. B. Vanille oder Banane) präparierten Tupfer unter die Nase, ist oft ein Lächeln zu beobachten. Bittere Geschmacksstoffe und unangenehme Gerüche

(z. B. Geruch nach faulen Eiern) können dagegen einen Gesichtsausdruck auslösen, der sehr stark dem Ekelausdruck Erwachsener gleicht. Daß plötzliche laute Geräusche und plötzlicher Haltverlust ausgesprochene Schreckreaktionen (z. B. Schließen der Augen, Zusammenzucken) verursachen können, hat bereits Watson (1968) berichtet. Wir können festhalten, daß Neugeborene über ein Reaktionsrepertoir verfügen, das den Ausdruck von Ekel, schreckähnliche Bewegungen und (auch reaktives) Lächeln einschließt. Nach Izard (1978) ist sogar noch das Schreien des Unbehagens und der Ausdruck von Interesse hinzuzurechnen.

Auch über die weitere Entwicklung der Emotionen gibt es etwas voneinander abweichende Angaben. Nach Bridges (1932) treten Furcht, Ekel und Ärger etwa im Alter von sechs Monaten auf. Johnson et al. (in Vorbereitung) fragten mehrere hundert Mütter, welche Emotionen ihre Babies in verschiedenen Altersstufen zeigten. Über die Hälfte der Mütter berichtete, daß sie bei ihren Kindern in den ersten drei Lebensmonaten bereits Interesse, Freude, Überraschung, Ärger, Unbehagen und Furcht sahen. Möglicherweise haben sie jedoch relativ undifferenzierte Reaktionen (z. B. Schreien) im Situationszusammenhang als konkrete Emotion interpretiert. Daher kommt Untersuchungen über den kontextfrei aufgenommenen Gesichtsausdruck eine erhöhte Bedeutung zu. Emde et al. (1978) ließen Fotos und Filmausschnitte von drei- bis viermonatigen Kindern beurteilen. Interesse, Unbehagen und Freude waren relativ häufig festzustellen, immerhin sahen die Beurteiler aber in etwa fünf Prozent der Fälle auch Furcht und Ärger. Parisi und Izard (1977; nach Izard und Buechler, 1979) konnten den Gesichtsausdruck des Ärgers bei fünf Monate alten Babies beobachten. Den Gesichtsausdruck der Furcht zeigte jedoch nur jeweils eins von zehn fünf- und siebenmonatigen Kindern. Stenberg et al. (in Vorbereitung) experimentierten mit sieben Monate alten Kindern. Die Mutter oder eine Fremde nahmen den Babies mehrmals hintereinander ihren Kauzwieback aus dem Mund. Die so Frustrierten zeigten einen Gesichtsausdruck des Ärgers, der gelegentlich sogar mit einem Erröten einherging.

Obwohl Untersuchungen zum exakten Beginn fehlen, können wir festhalten, daß der Gesichtsausdruck des Ärgers schon vor dem sechsten Monat auftritt. Der Beginn der Furcht wird allgemein etwas später datiert (vgl. Izard und Buechler, 1979). Über Emotionen wie Scham/Schüchternheit, Verachtung und Schuld liegen nur wenige und dazu widersprüchliche Angaben vor (Izard und Buechler, 1979; Johnson et al., in Vorbereitung). Übereinstimmung ist nur insofern festzustellen, als Schuld vermutlich noch nicht im ersten Lebensjahr vorkommt.

5.4.2 Beobachtungen an Blindgeborenen

Die oben aufgeführten entwicklungspsychologischen Studien geben keine Auskunft darüber, ob die erst nach einigen Monaten auftretenden

Gesichtsausdrücke (z. B. Ärger, Furcht) von den Kindern gelernt worden sind oder ob sie auf biologische Reifungsprozesse zurückzuführen sind. Um dies zu entscheiden, müssen wir Menschen untersuchen, die entweder keine Möglichkeit zum Lernen von Gesichtsausdrücken haben oder die unter völlig verschiedenen Lebensbedingungen aufwachsen und somit sehr unterschiedlichen Lernprozessen ausgesetzt sind. Einige Autoren sehen darüber hinaus auch in Ähnlichkeiten zwischen menschlichen und tierischen Ausdrucksweisen einen Beleg für eine genetische Verursachung (z. B. Chevalier-Skolnikoff, 1973; Eibl-Eibesfeldt, 1972). Der erstgenannten Überlegung zufolge müßte die Beobachtung blindgeborener Kinder aufschlußreich sein. Zumindest ein Lernen durch Imitation ist ihnen nicht möglich, da sie den Gesichtsausdruck ihrer Bezugspersonen nicht sehen können.

Charlesworth und Kreutzer (1973) und Eibl-Eibesfeldt (1972, S. 548 ff) berichten über zahlreiche Untersuchungen zum Gesichtsausdruck von Blindgeborenen. Fazit dieser Beobachtungsstudien ist, daß der Ausdruck elementarer Emotionen wie Freude/Glück, Furcht, Traurigkeit, Ärger und Überraschung in auffälliger Weise dem sehender Kinder gleicht. Wir können dies als starkes Indiz dafür ansehen, daß diese mimischen Reaktionen genetisch determiniert sind.

5.4.3 Kulturvergleichende Untersuchungen

Für eine biologische Determiniertheit würde auch sprechen, wenn sich die Angehörigen verschiedener Kulturen im Gesichtsausdruck der Emotionen gleichen. Dem liegt die Überlegung zugrunde, daß unterschiedliche Kulturen wahrscheinlich spezifische Ausdrucksweisen entwickeln würden, wenn keine gemeinsame genetische Veranlagung vorhanden ist. Der Emotionsausdruck wäre dann vermutlich von Kultur zu Kultur so verschieden, wie es die Sprachen oder die Grußgebärden sind.

Das Grundprinzip kulturvergleichender Emotionsstudien besteht darin, den Gesichtsausdruck von Leuten einer Kultur zu fotografieren oder zu filmen und diese Aufnahmen von Mitgliedern einer anderen Kultur beurteilen zu lassen. Natürlich muß gewährleistet sein, daß die Gesichtsausdrücke in der »Darstellerkultur« selbst als charakteristisch für bestimmte Emotionen gelten. Da die Wörter zur Benennung der Emotionen oft schwer übersetzbar sind (vgl. 3.5.3), kann es angebracht sein, die Emotionen durch kurze Situationsschilderungen zu »umschreiben«. Man fragt also beispielsweise, ob ein Gesichtsausdruck, der in der einen Kultur als »Ekel« (Emotion beim Genuß verdorbener Nahrungsmittel) bezeichnet wird, in der anderen ebenso interpretiert wird.

In zahlreichen Untersuchungen wurden auf diese Weise die Gesichtsausdrücke von US-Amerikanern, Deutschen, Türken, Japanern, Chilenen etc. verglichen (zusammenfassend: Ekman, 1972, 1973; Ekman und Oster, 1979; Izard, 1971). Sogar primitive Kulturen, die bisher kaum Kontakt mit der sogenannten Zivilisation hatten, wurden herangezogen. Die Ergebnisse sind eindeutig: die Gesichtsausdrücke, die wir relativ zuverlässig unterscheiden können (Freude, Traurigkeit, Ärger, Ekel, Überraschung und Furcht), werden von den Mitgliedern aller untersuchten Kulturen identifiziert. Wenn also beispielsweise ein Amerikaner den Gesichtsausdruck der Freude zeigt, wird dies auch von einem Steinzeitmenschen auf Neu-Guinea als Ausdruck der Freude erkannt. Umgekehrt deuten auch die Amerikaner den Gesichtsausdruck der Eingeborenen richtig.

Kehren wir noch einmal zu der Frage zurück, ob der Gesichtsausdruck von Emotionen angeboren oder erlernt ist. Wir können die entwicklungspsychologischen Studien nun vor dem Hintergrund der Beobachtungen an Blindgeborenen und der Kulturvergleiche diskutieren. Offenbar sind nicht nur jene mimischen Reaktionen, die bereits unmittelbar nach der Geburt beobachtbar sind, genetisch determiniert, sondern auch einige später auftretende. Ihr »verspätetes« Auftreten kann auf biologische Reifungsprozesse zurückgeführt werden; Lernprozesse scheinen jedenfalls nicht für ihre Entstehung verantwortlich zu sein. Die Annahme einer genetischen Bedingtheit läßt sich natürlich nur für die o. g. Emotionen Freude, Traurigkeit, Ärger, Ekel, Überraschung und Furcht halten. Ob sie auch für weitere Gesichtsausdrücke zutrifft, kann momentan nicht entschieden werden. Dazu wäre ohnehin zunächst notwendig, daß sie zuverlässig erkennbar sind.

5.4.4 Überlegungen zum Lernen

Daß einige wichtige mimische Reaktionen genetisch determiniert sind, bedeutet lediglich, daß diese Reaktionen auf eine ganz bestimmte Weise ablaufen, wenn sie einmal ausgelöst wurden. Menschen unterscheiden sich erheblich darin, in welchen Situationen sie einen Gesichtsausdruck des Ekels, der Freude, des Ärgers etc. zeigen. Das gleiche gilt für die emotionalen Verhaltensreaktionen. Um zu beantworten, *wer wann welche* emotionale Reaktion zeigt, müssen wir die Lernpsychologie zu Hilfe nehmen. Im folgenden wird anhand von drei Beispielen erläutert, wie der Gesichtsausdruck von Emotionen und emotionales Verhalten durch Lernprozesse beeinflußt werden.

Beispiel A (klassisches Konditionieren): Der kleine Albert greift nach allem, was in seine Reichweite kommt. Eines Tages hält ihm jemand eine weiße Ratte hin. Albert greift nach dem Tier, zeigt also keine Angst. In diesem Moment schlägt jemand mit einem Hammer fest auf eine Eisenstange. Albert zuckt zusammen und fällt vornüber. In den nächsten Tagen wird die weiße Ratte noch einige Male gemeinsam mit dem lauten Geräusch dargeboten.

Dieses Experiment wurde übrigens wirklich durchgeführt. Lesen wir bei Watson (1968, S. 172) nach, wie sich der kleine Albert nach einiger Zeit verhielt: »In dem Augenblick, wo die Ratte gezeigt wurde, fing das Baby an zu schreien. Es drehte sich abrupt zur linken Seite, fiel vornüber, begab sich auf alle viere und krabbelte so schnell davon, daß man es noch gerade festhalten konnte, bevor es den Rand der Matratze erreichte.« Das Angstverhalten wurde sogar von anderen Dingen ausgelöst, die der Ratte in gewisser Weise ähnlich waren (z. B. Kaninchen, Pelzmantel).

Dieses ethisch bedenkliche Experiment zeigt, daß ursprünglich neutrale Reize (weiße Ratte, Kaninchen, Pelzmantel) zum Auslöser einer emotionalen Reaktion werden können. Ursache dafür ist die Kopplung mit einem »unkonditionierten Reiz« (vgl. Abb. 5), hier also dem lauten Geräusch, das eine starke Vermeidungsreaktion auslöst.

Mit dem Prinzip des klassischen Konditionierens kann erklärt werden, warum bei manchen Menschen Austern einen Ekelausdruck oder Spinnen Angstverhalten hervorrufen. Diese ursprünglich neutralen Reize wurden mit einem Reiz gekoppelt, der eine solche emotionale Reaktion auslöste (z. B. ein übler Geruch, ein lautes Geräusch).

Beispiel B (instrumentelles Konditionieren): Franks Großvater kommt zu Besuch. Als er Franks Gesichtsausdruck der Freude sieht, greift er in die Tasche und gibt ihm eine Schachtel Bonbons. Beim nächsten Besuch gibt Frank sich gleichgültig und erhält kein Geschenk, das nächste Mal zeigt er sich wieder erfreut und wird prompt belohnt. Nach einiger Zeit hat Frank gelernt, bei der Ankunft seines Großvaters Freude zu zeigen. Die nachfolgende Belohnung (kleine Geschenke) ist dafür verantwortlich.

Durch positive oder negative Konsequenzen kann die Auftretenshäufigkeit und die Intensität eines Gesichtsausdrucks bzw. Verhaltens beeinflußt werden. So kann eine erhöhte Zuwendung dafür verantwortlich sein, daß jemand extrem lange Trauer zeigt (wenn die Zuwendung belohnend wirkt). Umgekehrt kann Ignoranz oder negative Kritik dazu führen, daß jemand keine Wut zeigt, wenn er von Familienmitgliedern gereizt wird. Die Effektivität des instrumentellen Konditionierens wurde in Experimenten mehrfach am Beispiel des Lächelns demonstriert (z. B. Brackbill, 1958; s. a. Hulsebus, 1973).

Beispiel C (Imitationslernen): Evelins Mutter hat Angst vor Spinnen. Immer wenn sie ein solches Tierchen sieht, sagt sie »huch«, weicht ein Stück zurück und macht ein Gesicht, das die Familienmitglieder als Angst interpretieren. Evelin hat dies schon mehrmals beobachtet. Inzwischen verhält sie sich beim Anblick einer Spinne genauso.

Viele emotionale Reaktionen werden durch Imitation erworben. Dabei dienen nicht nur Personen in der eigenen Umwelt als Vorbild, sondern auch Darsteller in Filmen und sogar Comic-Figuren. Imitationslernen eignet sich besonders für den Erwerb komplexer emotionaler Verhaltensreaktionen. Es wurde insbesondere im Zusammenhang mit Aggressivität intensiv untersucht (siehe Bandura, 1962).

Lernprozesse der genannten Art sind dafür verantwortlich, daß selbst genetisch festgelegte Gesichtsausdrücke nicht nur auf einige wenige Reize (wie bestimmte Gerüche und Geschmacksreize oder laute Geräusche) hin erfolgen, sondern auch auf andere Reize übertragen werden. Einmal vorhandene Reaktionen können verändert und ausgeformt werden. So ist zu erklären, daß es nicht *das* Angstverhalten gibt, sondern viele solcher Verhaltensweisen. Eine totale Individualisierung emotionaler Reaktionen wird allerdings durch gemeinsame Sozialisationsbedingungen sowie durch biologische Grenzen des Lernens (Seligman, 1970) verhindert.

Lernprozesse sind nicht nur für die individuelle Ausgestaltung des emotionalen Verhaltens und die Kopplung mimischer Reaktionen an bestimmte Reize verantwortlich. Sie spielen auch bei der willentlichen Kontrolle des Gesichtsausdrucks und Verhaltens eine wichtige Rolle. Jede Gesellschaft hat Normen, wann das Zeigen bestimmter Emotionen angemessen ist und wann nicht. Beispielsweise wird erwartet, daß man Freude zeigt, wenn man ein Geschenk erhält. Stirbt in unserer Kultur ein Angehöriger, gilt Traurigkeit als angemessene Emotion. Ekman (z. B. 1973) spricht in diesem Zusammenhang von »display rules« (etwa: Darstellungsregeln). Diese Verhaltensregeln verlangen manchmal, einen situativ unangemessenen Gesichtsausdruck zu vermeiden, abzuschwächen oder durch einen anderen willentlich zu überlagern. Diese Anpassung an gesellschaftliche Regeln wird wohl zum größten Teil durch Imitation sowie durch Belohnung und Bestrafung geleistet.

5.5 Zusammenfassung

Aus der Beobachtung des Verhaltens und des Gesichtsausdrucks schließen wir auf bestimmte Emotionen. Die als Ausdruck von Emotionen geltenden Verhaltensweisen sind jedoch zu vielfältig und zu komplex, als daß sie befriedigend geordnet werden könnten. Gesichtsausdrücke hingegen lassen sich aufgrund ihrer Ähnlichkeiten und Unterschiede in ein Ordnungssystem überführen. Die Suche nach allgemeinen Beschreibungsdimensionen erbrachte weitgehende Übereinstimmung bezüglich der Dimensionen Lust–Unlust und Aktivierung. Daneben wurden einige weitere Dimensionen berichtet, deren Relevanz jedoch nicht als erwiesen gelten kann. Zur Klassifikation des emotionalen Gesichtsausdrucks liegen nur wenige Untersuchungen vor. Die größte Übereinstimmung besteht für die Gruppen Überraschung, Freude, Ekel, Angst, Ärger und Besorgtheit; d. h. diese Emotionen scheinen im Gesichtsausdruck unterscheidbar zu sein.

Bei der Messung des Gesichtsausdrucks (und im Prinzip auch des Verhaltens) stehen zwei Möglichkeiten zur Verfügung: Entweder leisten die Beobachter selbst die Interpretationsarbeit und geben an, welche von mehreren vorgegebenen Emotionen für einen Gesichtsausdruck zutrifft, oder sie protokollieren nur objektive Merkmale des Gesichtsausdruckes (z. B. Stellung der Mundwinkel). Im letzteren Fall erfolgt die Interpretation in einem gesonderten Schritt.

Entwicklungspsychologische Arbeiten zum Gesichtsausdruck haben gezeigt, daß Neugeborene bereits zu unterschiedlichen mimischen Reaktionen fähig sind. Der Zeitpunkt des Auftretens verschiedener Emotionen ist bisher nicht befriedigend geklärt. Als sicher gilt jedoch, daß die meisten Emotionen (z. B. Ärger, Angst) bei Neugeborenen noch nicht beobachtbar sind, sondern erst später auftreten. Dennoch können wir davon ausgehen, daß die wichtigsten Gesichtsausdrücke nicht gelernt werden, sondern genetisch vorprogrammiert sind. Der Beweis dafür wird durch die Beobachtungen an Blindgeborenen sowie durch kulturvergleichende Untersuchungen erbracht.

Lernprozesse spielen bei der Entstehung emotionalen Verhaltens und der Zuordnung von Gesichtsausdrücken zu verschiedenen Auslösebedingungen eine wichtige Rolle. Mit ihrer Hilfe kann auch erklärt werden, daß das Zeigen von Emotionen oftmals an die gesellschaftlichen Normen angepaßt wird.

6. Integrationsversuche

6.0 Vorbemerkungen

In der Diskussion des Emotionskonzeptes (Kap. 2.2) wurde begründet, daß emotionales Erleben, Verhalten und emotionale physiologische Reaktionen zunächst als verschiedene Phänomene aufgefaßt werden sollten. Deshalb erschien auch eine getrennte Analyse dieser drei Phänomene angebracht (Kap. 3–5).

In diesem abschließenden Kapitel sollen nun Erklärungsansätze für *kausale Beziehungen* zwischen emotionalem Erleben, Verhalten und emotionalen physiologischen Reaktionen vorgestellt werden, die so formuliert sind, daß sie experimentell überprüfbar sind. Es handelt sich dabei um Theorien, die in der Tradition der James–Lange-Theorie (vgl. Kap. 2.1.3) stehen.

Der erste Ansatz (Schachter und Singer, 1962) sieht die physiologische Reaktion als eine Ursache des emotionalen Erlebens und Verhaltens an. Das Experiment, das die Autoren zur Unterstützung ihrer Theorie anführen, wird ebenso wie verschiedene Nachfolgeexperimente einer gründlichen Analyse unterzogen. Dies erscheint nicht zuletzt deshalb geboten, weil die Schlußfolgerungen der Autoren allzu häufig unkritisch akzeptiert worden sind.

Der zweite Ansatz (z. B. Bem, 1974; Izard, 1977) macht dagegen emotionales Verhalten (bzw. den Gesichtsausdruck) für das emotionale Erleben verantwortlich. Zur Frage, wie das eigene Verhalten wahrgenommen wird, liegen zwei konkurrierende Erklärungen vor, die beide dargestellt werden.

Einige Abhandlungen über Emotionen zeichnen sich dadurch aus, daß sie ausführlich auf neurophysiologische Beiträge eingehen. Für den Psychologen sind die scheinbar harten Fakten aus den Nachbardisziplinen verlockend.

Um etwas über Sitz und Entstehung der Emotionen im Gehirn zu erfahren, hat man zahlreiche Untersuchungen durchgeführt. Patienten mit Gehirnverletzungen und -tumoren wurden beobachtet, bei Tieren (aber auch bei Menschen, zu »therapeutischen« Zwecken) hat man bestimmte Teile des Gehirns entfernt oder zerstört, zahlreiche Punkte des Gehirns wurden elektrisch oder chemisch gereizt. Den teilweise exakt beschriebenen Eingriffen standen meist sehr grobe Maße für die emotionalen Veränderungen gegenüber. So wurde beispielsweise berichtet, daß Versuchstiere besonders zahm oder hypersexuell reagierten, die emotionale Reaktivität ab- oder zunahm oder daß bestimmte psychische Störungen verschwanden.

Für den medizinisch nicht gebildeten Psychologen ist es außerordentlich schwierig, diese Untersuchungen und die daraus entstandenen Theorien sachkundig zu bewerten. Deshalb wird hier auf einen Abschnitt über die Neurophysiologie und -anatomie der Emotionen verzichtet. Statt dessen sei auf Grossman (1967) verwiesen, der eine differenzierte Übersicht zu diesem Thema gibt. Zum heutigen Wissensstand ist anzumerken, daß bisher keine allgemein anerkannte neurophysiologische Emotionstheorie vorliegt und daß offenbar viele verschiedene Gehirnstrukturen in irgendeiner Weise an der Entstehung von emotionalem Erleben, Verhalten und emotionalen physiologischen Reaktionen beteiligt sind.

6.1 Physiologische Erregung als Ursache für Emotionen

6.1.1 Die Theorie von Schachter und Singer (1962)

Der James-Lange-Theorie zufolge ist das Erleben einer Emotion eine Folge von bestimmten körperlichen Reaktionen. (»Wir weinen nicht, weil wir traurig sind, sondern wir sind traurig, weil wir weinen«). Physiologische Erregungssymptome (z. B. Herzklopfen, Schwitzen, beschleunigte Atmung) stellen einen Aspekt emotionaler körperlicher Reaktionen dar. Zur Überprüfung der Theorie hatte man bei Versuchspersonen solche Erregungssymptome (durch Injektion von Adrenalin) künstlich herbeigeführt. Nur wenige Versuchspersonen berichteten jedoch daraufhin, Emotionen zu empfinden (vgl. 2.1.3).
Schachter und Singer (1962) greifen diese Adrenalin-Experimente auf und versuchen, ihr unbefriedigendes Ergebnis zu erklären. (Die Annahmen, die sie dabei machen, führen unmittelbar zu einer neuen Theorie. Allerdings hatten bereits drei Jahrzehnte zuvor Cantril und Hunt [1932] ähnliche Überlegungen angestellt). Das Hauptargument lautet, es genüge nicht, Erregungssymptome zu erzeugen, sondern man müsse den Versuchspersonen auch einen plausiblen Grund für die Erregung liefern. Entscheidend sei, daß die Versuchspersonen situative Reize vorfinden, die normalerweise als Auslöser für Emotionen fungieren, auf die sie ihre Erregung nun zurückführen können.
Der neuen Theorie zufolge entstehen Emotionen durch das Zusammenwirken zweier Faktoren (s. a. Schachter, 1964, 1971): physiologische Erregung und emotionale Reize (vgl. Abb. 7). Das Individuum nimmt seine Erregung wahr und sucht dann eine Erklärung dafür. Diese findet es normalerweise durch eine Analyse der Situation. Die *Stärke der Erregung* bestimmt die *Stärke der Emotion*. Die vermeintliche *situative Ursache* der Erregung ist dagegen für die *Qualität der Emotion* (Angst, Freude etc.) verantwortlich.
Fehlt einer der beiden Faktoren, entsteht keine Emotion. Physiologische Erregung alleine ist völlig unspezifisch, sie hat keine emotionale Färbung. Umgekehrt löst die Wahrnehmung emotionaler Reize alleine auch keine Emotion aus; das Individuum bleibt emotional unberührt.
Der Entstehungsprozeß einer Emotion kann durch einen Vergleich

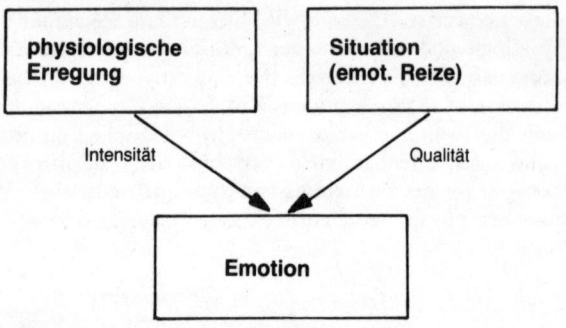

veranschaulicht werden: Das Individuum befindet sich prinzipiell in der gleichen Lage wie ein Wissenschaftler, der physiologische Messungen vornimmt. Dieser sieht zunächst nur den Ausschlag seiner Meßinstrumente. Erst eine Analyse der Situation erlaubt ihm spezifische Schlußfolgerungen. Er wird einen Ausschlag der Meßinstrumente als körperliche Anstrengung seiner Versuchsperson interpretieren, wenn diese Kniebeugen macht. Hat er ihr aber eine Schlange auf den Schoß gelegt, wird er das gleiche Meßergebnis als Angst interpretieren. Je stärker die registrierte Erregung, desto stärker ist seiner Meinung nach die Angst.

Eine Schwäche der Theorie besteht darin, daß die Autoren nicht genau angeben, was sie unter Emotionen verstehen. Bei ihrer experimentellen Überprüfung haben sie Emotionen sowohl durch subjektive Gefühle als auch durch Verhalten operationalisiert. Daß ein kognitiver Prozeß, wie er der Theorie zufolge bei der Entstehung einer Emotion abläuft, zu einem Urteil über den eigenen Gefühlszustand führt, erscheint plausibel. Dagegen ist schwer nachzuvollziehen, daß sich das Individuum auch entsprechend verhalten soll. Die unkritische Gleichsetzung von Verhalten und Erleben ist äußerst problematisch (vgl. 2.2).

6.1.2 Das Experiment von Schachter und Singer (1962)

Schachter und Singer (1962) führten ein Experiment durch, um ihre Theorie zu überprüfen. Sie teilten ihren Versuchspersonen mit, daß sie die Auswirkung eines Vitaminpräparates auf die Sehleistung untersuchen wollten. Statt eines Vitaminpräparates injizierten sie ihnen jedoch Adrenalin oder eine unwirksame Lösung. Auf diese Weise manipulierten sie die physiologische Erregung.

In der Adrenalin-Bedingung wurden mögliche »Nebenwirkungen« des »Vitaminpräparates« geschildert: typische Erregungssymptome (Herzklopfen etc.) oder erregungsirrelevante Symptome (Kopfschmerzen etc.). Ein Teil erhielt keine Information. Die richtig informierten Versuchspersonen sollten die Injektion als Ursache der Erregung ansehen, die falsch oder gar nicht informierten sollten dagegen ihre Erregung auf die Situation zurückführen.

Als nächstes wurden die Versuchspersonen in eine potentiell emotionsauslösende Situation gebracht. Während sie auf den Sehtest warteten, verhielt sich eine zweite Versuchsperson (in Wirklichkeit ein Vertrauter des Versuchsleiters) so, daß entweder Ärger oder Freude entstehen konnten. Während dieser Phase setzte die Adrenalinwirkung ein.

Die Emotionen der Versuchspersonen wurden durch eine Selbsteinstufung des Gefühlszustandes auf den Skalen »Ärger« und »Freude« sowie durch Verhaltensbeobachtungen gemessen.

Die Hypothese, daß die falsch oder gar nicht über die Wirkung der Injektion informierten Adrenalin-Versuchspersonen stärkere Emotionen haben, wurde nicht bestätigt. Obwohl sich die Injektion nachweislich auf die physiologische Erregung ausgewirkt hatte, berichteten sie keine stärkeren Emotionen als unerregte Versuchspersonen. Auf der Verhaltensebene trat lediglich ein einziger signifikanter Unterschied auf. Unter der Ärgerbedingung zeigten die uninformierten erregten Versuchspersonen stärkeren Ärger als die nicht erregten.

Die Kenntnis der wahren Erregungsursache wirkte sich offenbar auf die Emotionen aus. Versuchspersonen, die wußten, daß die Injektion für ihre Erregungssymptome verantwortlich ist, berichteten und zeigten weniger Freude als die falsch oder uninformierten. In der Ärgerbedingung trat ein solcher Effekt allerdings nur im Verhalten auf. Die Autoren vermuten, daß die Zuschreibung (Attribution) der Erregung zur Situation eine notwendige Voraussetzung dafür ist, daß die Erregung emotionsrelevant ist.

Schachter und Singer versuchen, das negative Hauptergebnis durch eine nachträgliche Interpretation an die Theorie anzupassen. Ihr Argument baut auf dem o. g. Attributionseffekt auf. Sie vermuten, daß auch in der Gruppe der falsch oder gar nicht informierten Versuchspersonen einzelne die wahre Ursache ihrer Erregung erkannt hätten. Nach Ausschluß dieser »selbst informierten« Versuchspersonen werden die Unterschiede zwischen den Adrenalin- und Placebo-Gruppen signifikant. (Die Daten beziehen sich offenbar nur auf die Verhaltensmaße; vgl. Tab. 6 und 7 der Originalarbeit.)

Insgesamt ergibt sich also ein eher widersprüchliches Bild. Die zentrale Hypothese, die *Intensität* der Emotionen sei eine Folge der Intensität der körperlichen Erregung, kann nur nach einer (methodisch problematischen) Reanalyse der Daten teilweise bestätigt werden. Die zweite Grundannahme, die *Qualität* der Emotion sei alleine auf die Bewertung der Situation zurückzuführen, wird durch die Versuchsanordnung nur sehr unzulänglich überprüft. Daß in der Ärgerbedingung Ärger, und in der Freudebedingung Freude entsteht, ist natürlich trivial. Die kritische Frage lautet: hat die adrenalinbedingte Erregungssteigerung keinen Einfluß auf die Qualität der Emotionen? Um dies zu überprüfen, wäre eine breit angelegte Messung der Emotionen erforderlich gewesen. Die verwendeten Emotionsmaße beschränken sich jedoch auf die erwarteten Reaktionen; unerwartete Emotionen wie Angst oder Traurigkeit wären damit nicht entdeckt worden. Die positive Resonanz, die das Experiment gefunden hat, erscheint demnach nicht gerechtfertigt.

6.1.3 Replikationen des Experimentes

Angesichts der wenig aussagekräftigen Befunde von Schachter und Singer (1962) kommt Replikationen dieses Experimentes eine erhöhte Bedeutung zu. Unter Replikationen sollen hier Versuche verstanden werden, in denen der Erregungszustand von Versuchspersonen unbemerkt verändert wird und anschließend die Emotionen erfaßt werden.

Die erste hier relevante Untersuchung stammt von Schachter und Wheeler (1962). Sie injizierten ihren Versuchspersonen ein »Vitaminpräparat« – in Wirklichkeit handelte es sich aber um Adrenalin, einen Tranquilizer (ein erregungshemmendes Medikament) oder um ein Placebo (ein unwirksames Präparat). Jeweils drei Versuchspersonen, die unterschiedliche Injektionen erhalten hatten, sahen dann gemeinsam einen lustigen Film. Trotz unterschiedlicher physiologischer Erregung fanden sie den Film etwa gleich lustig. Dagegen unterschieden sich die drei Gruppen in ihrem Verhalten (Lächeln, Grinsen und Lachen). Am stärksten amüsiert zeigten sich die Adrenalin-Versuchspersonen, am wenigsten diejenigen, die einen Tranquilizer erhalten hatten.

Auch Rogers und Deckner (1975) verwendeten einen Film als emotionalen Reiz. Der Film handelte von einem starken Raucher, dem vom Arzt eröffnet wird, daß er Lungenkrebs hat und der sich daraufhin zu einer Operation entschließt. Den Versuchspersonen, die selbst starke Raucher waren, wurde mitgeteilt, man wolle eine Droge erproben, die den Wunsch zu rauchen reduziert. Tatsächlich erhielten sie eine Adrenalin- oder eine Placeboinjektion. Jeweils die Hälfte der Versuchspersonen las dann einen emotional neutralen Text, der Rest sah den aversiven Film. Auf den ersten Blick scheinen die Ergebnisse für die Richtigkeit der Theorie zu sprechen. Adrenalin führte zu stärkerer Angst als das Placebo. Dieser Effekt ist jedoch hauptsächlich auf die Wirkung der Droge in der neutralen Situation zurückzuführen; hier löste das Adrenalin wider Erwarten Angst aus. In der eigentlichen Angstbedingung hatte es dagegen keinen Einfluß auf die Gefühle.

In einem zweiten Experiment ersetzten Rogers und Deckner die neutrale Bedingung durch eine zweite Angstbedingung. Der Film enthielt nun auch eine fünfminütige Operationsszene, in der der krebsverseuchte Teil der Lunge aus der Brust des Rauchers herausgeschnitten wird. In keiner der beiden Angstbedingungen berichteten die Adrenalin-Versuchspersonen stärkere Angst als die Placebo-Versuchspersonen.

Obwohl in den Filmbedingungen beider Experimente geeignete situative

Erklärungen für die erhöhte Erregung (die allerdings nicht gemessen wurde) vorhanden waren, berichteten die Versuchspersonen keine stärkeren Emotionen. In der affektiv neutralen Situation, in der die Versuchspersonen vermutlich keine externen Erregungsursachen vorfanden, erzeugte das Adrenalin dagegen Angst. Beide Befunde widersprechen eindeutig der Theorie.

Während in den bisher beschriebenen Experimenten Medikamente injiziert wurden, um die physiologische Erregung zu verändern, verabreichten Erdmann und Mitarbeiter die Drogen oral. Die Versuchspersonen wußten zwar, daß sie an einer psychopharmakologischen Untersuchung teilnahmen, sie erwarteten jedoch, die Pharmaka erst zu einem späteren Zeitpunkt einnehmen zu müssen. Das Problem der »Selbstinformation« (Schachter und Singer, 1962) wird damit geschickt vermieden.

Erdmann und Becker (1978) untersuchten, wie sich ein erregungssteigerndes Medikament im Vergleich zu einem Placebo auf den Gefühlszustand auswirkt. Die Versuchspersonen befanden sich entweder in einer neutralen Situation, oder es wurde ihnen in beleidigender Form ein schlechtes Intelligenztestergebnis mitgeteilt. Die physiologischen Effekte der Droge beschränkten sich auf eine Erhöhung des Blutdrucks. Entgegen der Erwartung führte die Droge in der Ärgerbedingung nicht zu mehr, sondern eher zu weniger Ärger als das Placebo.

In einem ähnlich angelegten Experiment von Erdmann und Janke (1978) konnte die medikamentös induzierte körperliche Erregung durch physiologische Messungen und einen Symptomfragebogen eindeutig nachgewiesen werden. Gleichgültig, ob die Versuchspersonen einen Fragebogen ausfüllten (neutrale Bedingung), in beleidigender Form ein schlechtes (Ärger) oder ein ausgezeichnetes Intelligenztestergebnis mitgeteilt bekamen (Freude) oder ob ihnen nach einigen Elektroschocks weitere angekündigt wurden (Angst), die Droge hatte im Vergleich zum Placebo keinen Einfluß auf den Gefühlszustand. In der neutralen Situation führte das Medikament sogar zu einem (nicht signifikanten) Anstieg der Angst.

Zahnärzte benutzen manchmal ein Betäubungsmittel, das eine geringe Menge Adrenalin enthält. Diese Tatsache machte sich Gerdes (1979) zunutze. In einer Zahnklinik fragte sie Patienten, die vor einer Zahnextraktion entweder ein adrenalinhaltiges oder ein adrenalinfreies Betäubungsmittel erhalten hatten, nach ihrer Angst. Jeweils die Hälfte der Patienten wurde über die möglichen Nebenwirkungen der Injektion informiert. Herzfrequenz- und Blutdruckmessungen sowie Einstufungen der Körpersymptome ergaben, daß die Adrenalinmenge genügte, um die physiologische Erregung zu erhöhen. Die erwarteten emotionalen Veränderungen traten nur bei den Männern auf. Männer, die Adrenalin erhalten hatten und nicht über die Nebenwirkungen informiert waren, berichteten stärkere Angst als diejenigen, die informiert waren oder ein adrenalinfreies Betäubungsmittel erhalten hatten. Die Erregungsmanipulation hatte jedoch keine Auswirkung auf ein verhaltensnahes Maß der Angst (Tendenz, die Situation zu meiden).

Die Ergebnisse dieses Experimentes scheinen also teilweise die Theorie zu bestätigen. Allerdings ist die hier verwendete Methode zur Angsterfassung problematisch. Die vorgegebenen Begriffe (»angespannt–entspannt«, »ruhig–nervös« und »aufgeregt–gelassen«) betreffen nicht nur die Angst, sondern auch die Erregung. Möglicherweise ist der Angsteffekt bei den männlichen Versuchspersonen also nur ein trivialer Erregungseffekt.

Marshall und Zimbardo (1979) replizierten einen Teil des Originalexperimentes von Schachter und Singer (1962), die Freudebedingung. Die von Schachter und Singer übernommenen Gefühls- und Verhaltensmaße zeigten keinen der erwarteten Effekte. Ein differenzierteres, aus 11 Adjektiven bestehendes Maß der Befindlichkeit führte dagegen zur Aufdeckung emotionaler Veränderungen. Bei den Placebo-Versuchspersonen führte der Kontakt mit dem lustigen Versuchsteilnehmer erwartungsgemäß zu angenehmeren Gefühlen, bei den Adrenalin-Versuchspersonen blieben die Gefühle dagegen unverändert. Eine erhöhte Adrenalindosis erzeugte sogar deutlich negativere Gefühle. Die adrenalinbedingte Erregung intensivierte also nicht die Gefühle, sondern veränderte ihre Qualität; statt Freude bewirkte sie unangenehme Gefühle. Eine Adrenalin-Versuchsperson berichtete später, wie sie die Situation erlebte: »Es ist, als wäre man auf einer Party, auf der sich alle vergnügen und du hast Kopfschmerzen oder fühlst dich aus irgendeinem unbekannten Grund niedergeschlagen.«

Ein ähnliches Ergebnis erhielt auch Maslach (1979) in einem Hypnose-Experiment. Sie trainierte Versuchspersonen, auf das Wort »start« hin Erregungssymptome (Erhöhung der Herz- und Atemfrequenz, flaues Gefühl im Magen, feuchte Hände) zu produzieren, ohne sich dabei an den hypnotischen Auftrag zu erinnern. Mit Ausnahme der Art der Erregungsmanipulation glich die Versuchsanordnung weitgehend der von Schachter und Singer (1962). Das kritische Wort »start« erschien im Rahmen einer fingierten Lernaufgabe, während der Vertraute des Versuchsleiters bereits anwesend war. Es zeigte sich, daß die Versuchspersonen mit erhöhter physiologischer Erregung nicht nur in der Ärger-, sondern auch in der Freudebedingung negativere Gefühle angaben als die unerregten.

Cotton et al. (1980) ließen Versuchspersonen vor einem Publikum eine Rede halten. Zuvor mußten sie ein Medikament einnehmen, dessen Wirkung entweder als erregungsrelevant oder -irrelevant beschrieben wurde. Tatsächlich handelt es sich, unabhängig von der beschriebenen Wirkung, um Koffein oder ein Placebo. Während ein Verhaltensmaß keinen Unterschied zeigte, berichteten die Koffein-Versuchspersonen stärkere Angst als die Placebo-Versuchspersonen. Die Manipulation der vermeintlichen Erregungsursache erwies sich als ineffektiv. Die Autoren meinen, daß es in einer solchen Situation unmöglich sei, die

Versuchspersonen davon zu überzeugen, ihre Erregung habe eine andere Ursache als die Rede.

Erdmann und van Lindern (1980) manipulierten die physiologische Erregung erfolgreich durch eine heimlich verabreichte erregungshemmende oder erregungssteigernde Droge. Wie bei Erdmann und Becker (1978) wurde bei einem Teil der Versuchspersonen durch die Rückmeldung eines schlechten Intelligenztestergebnisses Ärger erzeugt. In der neutralen Situation wirkte sich die Erregungsmanipulation erwartungsgemäß nicht auf den Gefühlszustand aus. In der Ärgersituation führte die erregungssteigernde Droge im Vergleich zu einem Placebo zu mehr Angst, nicht jedoch zu mehr Ärger. Auch dieser Befund spricht gegen die Hypothese, daß eine künstlich herbeigeführte Erregungssteigerung affektiv neutral ist und lediglich die Intensität der Emotionen verändert.

6.1.4 Weitere theorierelevante Untersuchungen

In den bisher geschilderten Experimenten (mit Ausnahme des von Maslach, 1979) wurde die physiologische Erregung mit Hilfe von Pharmaka verändert. Diese Methode ist jedoch in bestimmter Hinsicht problematisch. Erstens paßt der starre Erregungsverlauf u. U. schlecht zur Situationsdynamik und provoziert damit die Suche nach anderen, nicht emotionalen Erregungsursachen. Zweitens können wir nicht völlig ausschließen, daß die verwendeten Medikamente neben der physiologischen Erregung nicht auch direkt den Gefühlszustand beeinflussen (vgl. Barchas et al., 1972, und Gottschalk, 1975). Für eine adäquate Bewertung der Schachterschen Emotionstheorie ist es demnach erforderlich, Untersuchungen zu berücksichtigen, die ohne eine medikamentöse Erregungsmanipulation auskommen. In diesem Zusammenhang erscheinen Befragungen von Querschnittsgelähmten ebenso relevant wie Experimente mit falscher Erregungsrückmeldung. Ein dritter Ansatz basiert auf der Manipulation der Erregungszuschreibung.

Bei *Querschnittslähmungen* sind, je nach Lokalisation der Rückenmarksverletzung, mehr oder weniger große Teile des Körpers vom autonomen Nervensystem abgeschnitten. Hohmann (1966) nahm daher an, daß mit der Schwere der Verletzung die Gefühlsintensität abnehmen müßte. Er befragte 25 Querschnittsgelähmte nach ihren Emotionen. Die Patienten berichteten, seit der Verletzung weniger Ärger, Angst und sexuelle Erregung zu verspüren. Je umfangreicher die Lähmung war, desto stärker waren diese Gefühle beeinträchtigt.

Jasnos und Hackmiller (1975) untersuchten die Gefühle von Rückenmarksverletzten direkt im Experiment. Als gefühlsauslösende Reize verwendeten sie (bei männlichen Versuchspersonen) Bilder mit bekleideten, nackten oder verletzten Frauen. Die freien Gefühlsbeschreibungen der Versuchspersonen wurden von Beurteilern auf den Dimensionen »Erregung« und »Unbehagen« eingestuft. Die bekleideten und nackten

Frauen lösten umso stärkere (vermutlich sexuelle) »Erregung« aus, je geringer die Lähmung der Patienten war. Bei den Bildern mit verletzten Frauen trat kein vergleichbarer Effekt auf. Darüber hinaus zeigte sich auch kein Zusammenhang zwischen dem Umfang der Lähmung und der Intensität des stärksten Furcht- oder Ärgererlebnisses seit der Verletzung.

Obwohl Hohmann und auch Jasnos und Hackmiller in ihren Ergebnissen eine Bestätigung der Schachterschen Emotionstheorie sehen, sind auch alternative Erklärungen möglich. Lader und Tyrer (1975) haben darauf hingewiesen, daß Hohmanns Patienten aufgrund der veränderten Lebensumstände depressiv geworden sein könnten und daher nach der Verletzung schwächere Emotionen empfanden. Immerhin nahm die »Sentimentalität« im gleichen Zeitraum deutlich zu. Bei den Versuchspersonen von Jasnos und Hackmiller hatte möglicherweise die Schwere der Lähmung einen Einfluß auf die Bewertung des »Lustobjektes Frau«. Die Beweiskraft der beiden Untersuchungen wird durch diese Überlegungen eingeschränkt.

Eine völlig andere Logik liegt Experimenten zur *Manipulation der wahrgenommenen physiologischen Erregung* zugrunde. Nach Schachter und Singer (1962) handelt es sich bei der Entstehung einer Emotion um einen kognitiven Prozeß, in dem letztlich nicht die reale, sondern die wahrgenommene Erregung für die Emotionsstärke relevant ist. Daraus folgert Valins (1966), daß die Wahrnehmung der Erregung ebenso wie jede andere Wahrnehmung auch falsch sein kann. Er gab seinen Versuchspersonen daher bewußt falsche Informationen über ihren Erregungszustand, um zu sehen, wie sich daraufhin die Emotionsstärke verändert.

Männliche Versuchspersonen sahen Dias mit nackten oder spärlich bekleideten Frauen, während scheinbar ihre Herzfrequenz mit einem Mikrofon auf der Brust gemessen wurde. Ein Meßgerät gab die Herztöne wieder; sie sollten aber laut Instruktion nicht beachtet werden. Tatsächlich handelte es sich dabei aber um vorbereitete Töne. Bei der Hälfte der Bilder stieg die rückgemeldete Herzfrequenz deutlich an bzw. fiel ab, bei der anderen Hälfte blieb sie etwa konstant. Bilder, bei denen sich die Herzfrequenz änderte, wurden anschließend von den Versuchspersonen als besonders attraktiv eingestuft. Man kann also vermuten, daß das falsche Herzfrequenzfeedback die Emotionen beeinflußt hat.

Dieses Experiment wurde inzwischen mit zahlreichen Abänderungen wiederholt. Als Stimulusmaterial fanden beispielsweise auch Bilder mit nackten Männern (bei männlichen Versuchspersonen), Hautkrankheiten, Körperverletzungen, Leichen oder schweren Unfällen Verwendung. Aber auch in realen Situationen, wie dem Halten einer Rede (Borkovec et al., 1974) oder einer bevorstehenden Zahnoperation (Gerdes, 1980), wurde die Erregung falsch rückgemeldet. Meistens geschah dies durch falsches Herzfrequenzfeedback.

Insgesamt entsteht der Eindruck, daß der »Valins-Effekt« relativ stabil ist; zumindest die Rückmeldung einer gesteigerten Erregung führte in der

Regel zu intensiveren Emotionen. Diese wurden allerdings meist indirekt durch Stimuluseinstufungen gemessen.

Durch Verwendung geeigneter Kontrollgruppen konnte sichergestellt werden, daß nicht das Geräusch des Meßgerätes, sondern die Interpretation dieses Geräusches als Herzfrequenz für den Effekt verantwortlich ist. Zwar veränderte sich in einigen Experimenten durch das Feedback auch die reale physiologische Erregung, doch scheint alleine die wahrgenommene (falsche) Erregung emotionsrelevant zu sein. Dafür spricht, daß die Korrelationen zwischen den physiologischen Meßwerten und den Emotionsindizes sehr gering waren (Goldstein et al., 1972; Hirschman, 1975; Kerber und Coles, 1978) und der Effekt in anderen Fällen auch ohne Veränderung der realen Erregung zustande kam (Borkovec et al., 1974, Thornton und Hagen, 1976).

Die allzu große Robustheit des »Valins-Effektes« in Laborsituationen macht jedoch stutzig. Bei Valins (1966) galten Frauenbilder auch dann als attraktiver, wenn die Herzfrequenz scheinbar *ab*nahm. Selbst wenn Versuchspersonen vor der Einstufung mitgeteilt wird, daß das Feedback unecht war, urteilen sie, als wäre es dennoch ihr eigenes (Valins, 1974). Ähnlich verhielten sich die Versuchspersonen von Kerber und Coles (1978), die glaubten, daß es sich um die Herztöne einer anderen Person handelt. Borkovec et al. (1974) stellten fest, daß sich die Angst nicht sofort während des Feedbacks veränderte, sondern erst während einer nachfolgenden, feedbackfreien Rede. Falsche Erregungsrückmeldung ist möglicherweise nur dann emotional relevant, wenn die Versuchspersonen selbst nicht stark auf die emotionalen Reize reagieren. Starke Emotionen, wie sie in der klinischen Praxis vorkommen, sind auf diese Weise nur schwer zu beeinflussen. Valins und Ray (1967) zeigten Studenten, die Angst vor Schlangen hatten, Dias mit Schlangen und in einem zweiten Durchgang dann eine lebendige Schlange. Dabei meldeten sie ihnen eine konstante Herzfrequenz zurück; die Versuchspersonen sollten also glauben, nicht erregt zu sein. Ihre Angstgefühle änderten sich im Vergleich zu einer Kontrollgruppe nicht, allerdings waren sie eher bereit, eine Schlange anzufassen. Nachfolgeexperimente stellen dieses positive Ergebnis jedoch in Frage (siehe Brehm, 1980, S. 191 f).

Bei einer kritischen Bewertung der zahlreichen positiven Laborbefunde sollte bedacht werden, daß eine künstliche Erregungsrückmeldung kaum den natürlichen Bedingungen der Entstehung einer Emotion entspricht. Die normale Wahrnehmung der eigenen Körpersymptome ist weitaus ungenauer und weniger aufdringlich als das falsche Feedback. In einer Untersuchung von Schmidt-Atzert (1980) wurde die Erregungswahrnehmung weniger auffällig manipuliert, indem aus einem Lautsprecher, der unmittelbar hinter der Versuchsperson verborgen war, zweimal für einige Sekunden Herzklopfgeräusche kamen. Außerdem strömte unbemerkt feuchte Luft auf die Hände der Versuchspersonen und erzeugte feuchte Hände. In einer Nachbefragung berichteten die Versuchspersonen der

Experimentalgruppen zwar stärkeres Herzklopfen, aber keine feuchteren Hände als die der Kontrollgruppen. Interessant ist nun, wie sich das falsche Herzklopfen auf die Emotionen auswirkte. Eine Intensivierung einzelner Gefühle war in keiner von zwei aversiven Filmbedingungen festzustellen. Lediglich bei einem Film, der insbesondere Mitleid und Abscheu erregte, gaben die Herzklopfen-Versuchspersonen an, sich allgemein unangenehmer zu fühlen. Bei einer realitätsnäheren Manipulation der Erregungswahrnehmung trat der »Valins-Effekt« also nicht, bzw. nicht in der erwarteten Form auf.

Insgesamt erscheint es problematisch, den »Valins-Effekt« als Beleg für die Richtigkeit der Schachterschen Emotionstheorie anzusehen. Vermutlich löst die falsche Erregungsrückmeldung kognitive Prozesse aus, die sich von den laut Schachter und Singer (1962) an der Entstehung einer Emotion beteiligten erheblich unterscheiden (siehe auch Liebhart, 1980).

Eine Annahme von Schachter und Singer (1962) lautet: Die physiologische Erregung muß vom Individuum auf einen *emotionalen* Reiz zurückgeführt werden, um die Emotionsstärke determinieren zu können. Glaubt das Individuum, ein nicht emotionaler Reiz (z. B. eine Injektion) sei für seine Erregung verantwortlich, entsteht demnach keine Emotion.

Nun kann sich das Individuum bezüglich der wahren Erregungsursache irren. In den Experimenten mit medikamentöser Erregungsveränderung (vgl. 6.1.2 und 6.1.3) war ein solcher Irrtum sogar erwünscht. Die Erregung stammte teilweise von einem Medikament, sollte aber situativen Reizen zugeschrieben werden. Ein anderer Fall von *Mißattribution* (falsche Ursachenzuschreibung) liegt vor, wenn eine natürliche, situativ bedingte Erregung fälschlicherweise auf eine andere Ursache zurückgeführt wird.

Die Auswirkung dieser Art von Fehlzuschreibung auf die Emotionsstärke wurde in verschiedenen Experimenten untersucht. Beispielsweise zeigte Girodo (1973) Versuchspersonen einen angsterregenden Film und ließ dabei aus einem Druckbehälter Luft in ihr Gesicht strömen. Einem Teil wurde erzählt, es handele sich um gewöhnliche Luft (was richtig war), einem anderen, es handele sich um ein erregungerzeugendes Gas. In der Gasbedingung berichteten die Versuchspersonen schwächere Angst. Vermutlich führten sie einen Teil ihrer Erregung auf »psychopharmakologisch wirksames Gas« und den Rest auf den Film zurück. Folglich hatten sie weniger Angst als die Versuchspersonen, die ihre gesamte Erregung auf den emotionalen Film zurückführten.

In anderen Experimenten ertrugen Versuchspersonen stärkere Elektroschocks und berichteten weniger Schmerz (aber nicht weniger Angst!), wenn sie eine erregungssteigernde Pille (in Wirklichkeit ein Placebo) erhalten hatten (Nisbett und Schachter, 1966), strengten sich weniger an, Schocks zu vermeiden, wenn sie ihre Erregungssymptome auf Lärm zurückführen konnten (Ross et al., 1969) oder zeigten weniger Aggressionen, wenn sie ihre Erregung während einer Provokation mit der Einnahme einer erregungssteigernden Pille erklärten (Younger und Doob,

1978). Allerdings gelang es in einigen Experimenten nicht, die Emotion durch ein scheinbar erregungswirksames Medikament abzuschwächen (Cotton et al., 1980; Gerdes, 1979; Marshall und Zimbardo, 1979; Nisbett und Schachter, 1966, Bedingung »starke Furcht«).

Die experimentellen Befunde sind also widersprüchlich, so daß der Mißattributions-Effekt weiterhin umstritten bleibt. Im übrigen zeigen die wenigen positiven Befunde nur, daß unter bestimmten Bedingungen (unter denen der Effekt überhaupt auftritt) Emotionen abgeschwächt werden können. Was im Kopf einer Versuchsperson vorgeht, die informiert wird, ihre Erregungssymptome hätten eine »neutrale« Ursache, wissen wir nicht. Selbst wenn durch eine Nachbefragung festgestellt wird, daß sie tatsächlich einen Teil ihrer Erregung auf die affektiv neutrale Ursache zurückgeführt hat, ist damit noch nicht bewiesen, daß diese Mißattribution in einer kausalen Beziehung zur emotionalen Reaktion steht. Wir wissen nicht einmal, ob die Mißattribution zeitlich vor der emotionalen Reaktion stattgefunden hat.

6.1.5 Abschließende Bewertung der Theorie

Halten wir noch einmal den Kerngedanken der Emotionstheorie von Schachter und Singer (1962) fest, um ihn dann auf der Grundlage der experimentellen Befunde zu diskutieren. Die zentrale Hypothese lautet: Der Grad der physiologischen Erregung ist verantwortlich für die *Intensität* der Emotionen; die Erregung hat keinen Einfluß auf die Emotionsqualität.

Experimente, in denen die physiologische Erregung der Versuchspersonen unbemerkt durch ein Medikament oder durch Hypnose verändert wurde, bestätigen diese Grundannahme nicht. Einschließlich der Freude- und Ärgerbedingung von Schachter und Singer (1962) wurden bisher insgesamt 16 Vergleiche zwischen künstlich erregten und unerregten Versuchspersonengruppen veröffentlicht (vgl. 6.1.3). Die Situation war dabei entweder als Freude, Ärger oder Angst definiert. In 13 dieser Vergleiche berichteten die Versuchspersonen der Experimentalgruppen entgegen den Erwartungen keine stärkeren Emotionen! Lediglich in 2 Fällen (Cotton et al., 1980; Ärgerbedingung von Maslach, 1979) trat der erwartete Effekt auf. Bei Gerdes (1979) reagierten nur die männlichen Versuchspersonen theoriekonform. Ein ähnliches Bild ergibt sich, wenn man die Verhaltensmaße betrachtet.

Die wenigen positiven Befunde wurden in Situationen erhoben, in denen *unangenehme Gefühle* erwartet wurden. Unangenehme Gefühle (meist Angst) traten aber auch in Situationen auf, in denen sie der Theorie zufolge nicht vorkommen dürften. Bei Marshall und Zimbardo (1979) und Maslach (1979) führte die erhöhte physiologische Erregung in einer lustigen Situation zu unangenehmen Gefühlen, bei Rogers und Deckner (1979) erzeugte sie in einer neutralen und bei Erdmann und van Lindern (1980) in einer ärgerlichen Situation Angst. Soweit die Erregung der Versuchspersonen in einer neutralen Situation gesteigert wurde, traten dagegen niemals angenehmere Gefühle auf, auch nicht tendenziell. Die »Plastizität« der physiologischen Erregung, d. h. ihre Fähigkeit, jede beliebige Emotion zu intensivieren, muß also stark bezweifelt werden. Ihr Beitrag scheint eher auf unangenehme Gefühle beschränkt zu sein. Mit anderen Worten: Die eigenen Erregungssymptome tragen möglicherweise zur Entstehung einer Emotion bei – allerdings nicht in der von Schachter und Singer (1962) postulierten Weise. Eine alternative Erklärung ist notwendig.

Bereits 1967 hatten Plutchik und Ax in einer Kritik an Schachter und Singer (1962) die Annahme einer emotionsunspezifischen Erregung in Frage gestellt. Wie auch in Kapitel 4.3 ausgeführt wurde, gibt es Hinweise auf emotionsspezifische Erregungsmuster. An diese Überlegungen knüpfen Erdmann und van Lindern (1980), Marshall und Zimbardo (1979) sowie Maslach (1979) an. Sie vermuten, daß plötzlich auftretende Erregungssymptome, wie sie in den Experimenten erzeugt wurden, als unangenehm erlebt werden, weil sie für Angst typisch sind. Maslach nimmt an, daß die Versuchspersonen solche Symptome aus ihrer Alltagserfahrung kennen. Sie haben gelernt, sie als Angst zu bezeichnen.

Bisher wurden nur Experimente diskutiert, in denen die Schachtersche Theorie direkt durch Veränderung der realen physiologischen Erregung überprüft wurde. Muß die Bewertung der Theorie revidiert werden, wenn man die Untersuchungen an Querschnittsgelähmten sowie die Experimente zur falschen Erregungsrückmeldung und Mißattribution berücksichtigt?

Jeder dieser Ansätze hat gravierende methodische Schwächen. Die Gefühlsveränderungen von Querschnittsgelähmten sind vermutlich nicht auf eine Veränderung der autonomen Wahrnehmung oder Innervation zurückzuführen, sondern auf die veränderten Lebensumstände. Die emotionalen Auswirkungen von falschem Erregungsfeedback scheinen noch am ehesten für die Emotionstheorie von Schachter und Singer (1962) zu sprechen. Immerhin ist die falsche, wahrgenommene Erregung offenbar emotionsunspezifisch: Angenehme Reize (z. B. Bilder nackter Frauen) galten als angenehmer, unangenehme (z. B. Bilder von Hautkrankheiten) als unangenehmer. Allerdings trat bei einer lebensechteren Manipulation des Symptoms »Herzklopfen« die oben beschriebene negative Gefühlsreaktion auf (Schmidt-Atzert, 1980). Zudem liegen zahlreiche Hinweise vor, daß die kognitive Verarbeitung der fingierten Erregung anders geschieht, als die Theorie annimmt. Der »Valins-Effekt« ist eher ein Beleg für bestimmte Annahmen des gesunden Menschenverstandes als für echte Emotionsprozesse. Der Laie glaubt, seine Herzfrequenz gebe ihm an, wie sehr er von etwas betroffen ist. Wie er aber wirklich seine Erregungssymptome verarbeitet und wie sich in Abhängigkeit davon seine Emotionen verändern, ist eine andere Frage.

Die Mißattributions-Experimente schließlich haben allzu widersprüchliche Ergebnisse erbracht, um sie als Stütze für die Theorie aufzufassen. Insgesamt haben die hier beschriebenen Untersuchungsstrategien, die ohne eine direkte Erregungsmanipulation auskommen, also keinen überzeugenden Beweis für die Richtigkeit der Emotionstheorie von Schachter und Singer (1962) geliefert.

Zusammenfassend kann festgehalten werden, daß die Emotionstheorie von Schachter und Singer (1962) empirisch nicht bestätigt worden ist. Die Wahrnehmung körperlicher Erregungssymptome spielt wahrscheinlich eine Rolle bei der Entstehung von (zumindest bestimmten) Emotionen, sie hat aber vermutlich eine andere Funktion, als die Autoren annehmen. Es gibt einige Hinweise dafür, daß Symptome wie Herzklopfen und Zittern der Hände unabhängig von den situativen Reizen zu negativen Gefühlen, insbesondere zu Angst, führen.

Eine interessante Frage ist, ob körperliche Erregungssymptome bei allen Emotionen in allen Situationen und bei allen Menschen relevant sind. Der gesunde Menschenverstand wird dies klar verneinen. Verschiedene Forschungsergebnisse legen den gleichen Schluß nahe. Fragt man Versuchspersonen nach wichtigen Körpersymptomen, so geben sie beispielsweise bei Traurigkeit und Zufriedenheit praktisch keine an (vgl. 4.3). Außerdem ist der korrelative Zusammenhang zwischen physiologischen Variablen und Gefühlen einfach zu gering (vgl. 4.2), als daß die körperliche Erregung alleine die Intensität (oder auch Qualität) von Emotionen steuern könnte. Die zukünftige Forschung und Theoriebildung wird die Bedeutung physiologischer Erregungsprozesse für die Entstehung von Emotionen stark relativieren müssen.

6.2 Verhalten und Gesichtsausdruck als Ursache für Gefühle

6.2.1 Theoretische Überlegungen

Der James-Lange-Theorie (vgl. 2.1.3) zufolge ist das Erleben einer Emotion identisch mit der Wahrnehmung bestimmter körperlicher Veränderungen. Dazu gehören nicht nur physiologische Reaktionen, sondern auch mimische Reaktion und Verhaltensweisen (z. B. Weinen). Darwin (1872) vertrat eine ähnliche, wenn auch weniger »radikale« Auffassung: Der Ausdruck einer Emotion wirke auf das subjektive Gefühl zurück und verändere seine Intensität; eine willentliche Unterdrückung des Ausdrucks schwäche die erlebte Emotion ab, ein »sich gehen lassen« verstärke sie.

Diese Überlegungen tauchen heute im Rahmen verschiedener Theorien wieder auf. Im Gegensatz zu Schachters Hypothesen über die Funktion der physiologischen Erregung (vgl. 6.1.1) haben sie jedoch nicht den Status einer eigenen Theorie. Man könnte sie treffender als Teilaspekt umfassenderer Theorien bezeichnen.

Darüber, *wie* sich Verhalten und Gesichtsausdruck auf den Gefühlszustand auswirken, bestehen zwei Auffassungen. Die eine wird heute insbesondere von Izard (1971, 1977) vertreten und betont die Bedeutung des Gesichtsausdrucks. Izard nimmt an, daß zwischen den Gesichtsmuskeln und bestimmten Gehirnstrukturen zwei Verbindungen bestehen. Die eine dient dazu, Impulse vom Gehirn zu den Gesichtsmuskeln weiterzuleiten, um bestimmte genetisch vorprogrammierte Gesichtsausdrücke auszulösen. Die andere sorgt für eine Rückmeldung der Muskelaktivitäten zum Gehirn. Die Verarbeitung dieses Gesichtsmuskel-Feedbacks im Gehirn führt unmittelbar zum Erleben einer Emotion. Da sich verschiedene Gesichtsausdrücke voneinander unterscheiden, kann dieses Feedback auch unterschiedliche Gefühle auslösen; ein Ärgerausdruck führt zu Ärger, ein Angstausdruck zu Angst etc. Der Skelettmuskulatur und den Eingeweiden kommt nach Izard nur eine untergeordnete Bedeutung zu. Sie spielen lediglich bei der Aufrechterhaltung einer Emotion eine Rolle und teilen etwas über deren Intensität mit. Die Qualität einer Emotion wird alleine durch das Gesichtsmuskel-Feedback festgelegt (vgl. Abb. 8).

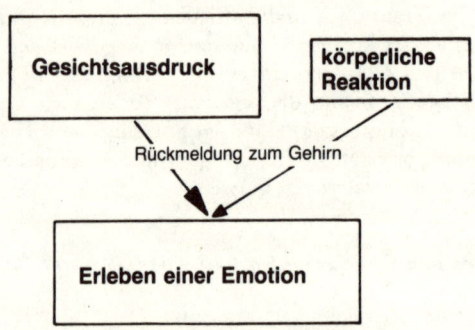

Abb. 8: Die Gesichtsmuskel-Feedback-Theorie Izards

Die Überlegungen Izards zur Entstehung von Gefühlen gehen hauptsächlich auf neurophysiologische Spekulationen Gellhorns (1964) und Tomkins (1962) zurück.
Ein anderer Erklärungsansatz geht auf Hebb (1946) zurück und wird heute hauptsächlich von Bem (1972, 1974) vertreten. Hebb hatte sich mit der Frage beschäftigt, wie Menschen, die lange Zeit mit Affen gearbeitet haben, bei diesen Tieren Emotionen erkennen. Er kam zu dem Schluß, daß die Wahrnehmung einer Emotion auf der Analyse des Verhaltens beruht. Hebb stellte daraufhin die Vermutung an, daß nicht nur die Wahrnehmung von Emotionen bei anderen Menschen, sondern auch die Wahrnehmung der eigenen Emotionen auf diesem Prinzip beruht. Bems (1972, 1974) Selbstwahrnehmungstheorie schließt an diese Überlegungen Hebbs an.

110

Individuen erfahren ihre eigenen Einstellungen, Emotionen und andere inneren Zustände teilweise durch Schlußfolgerungen aus der Beobachtung ihres eigenen Verhaltens und/oder den Umständen, unter denen dieses Verhalten vorkommt (Bem, 1972, S. 2).

Bem weist allerdings auf einige Unterschiede zwischen Selbst- und Fremdwahrnehmung hin. Auch geht er nicht so weit, zu behaupten, die Verhaltensbeobachtung stelle die einzige Quelle für Emotionen dar. Im Gegensatz zu Izard ist für ihn die Unterscheidung Gesichtsausdruck–sonstiges Verhalten theoretisch nicht relevant. Er nimmt auch keine speziellen Rückmeldungsprozesse an. Die Wahrnehmung des emotionalen Verhaltens unterscheidet sich prinzipiell nicht von der Wahrnehmung sonstiger Verhaltensweisen. Sie führt nicht (wie bei Izard) »automatisch« zu einer Emotion. Die Reaktion wird zunächst in ihrer Bedeutung analysiert; d. h. Informationen über die jeweilige Situation, die Angemessenheit des Verhaltens, früheres Verhalten etc. werden berücksichtigt (vgl. Abb. 9).

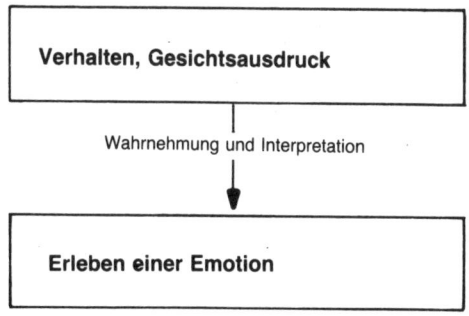

Abb. 9: Die Selbstwahrnehmungstheorie Bems

Eine besondere Variante der hier diskutierten Auffassung über die Entstehung von Gefühlen besteht darin, daß nicht das sichtbare Verhalten bzw. der Gesichtsausdruck, sondern der *Wunsch,* die Absicht, in einer bestimmten Weise zu reagieren, betont wird. Arnold (1960) und Bull (1968) zufolge führt die Wahrnehmung einer Handlungs*vorbereitung* zum Erleben einer Emotion. Ähnliche Überlegungen stellt Ehrhardt (1975) an. Theoretische Überlegungen müssen auch danach beurteilt werden, ob sie empirisch prüfbar sind. Bisher sind jedoch keine geeigneten Methoden bekannt, um die letztgenannten Annahmen zu überprüfen. Daher wird hier nicht ausführlich auf sie eingegangen.

6.2.2 Experimentelle Untersuchungen

Um den Einfluß des eigenen Verhaltens oder Gesichtsausdrucks auf den Gefühlszustand zu untersuchen, muß man ein Verhalten oder einen

Gesichtsausdruck im Experiment herstellen oder zumindest verändern. Diese Manipulation sollte für die Versuchspersonen unbemerkt geschehen – eine schwierige Aufgabe für einen Experimentator. Körperliche Erregungssymptome kann man beispielsweise mit Hilfe geeigneter Pharmaka erzeugen (vgl. 6.1), wie aber variiert man unbemerkt ein Verhalten oder einen Gesichtsausdruck?

Zwei Methoden wurden dazu entwickelt. Die erste besteht darin, die Versuchspersonen dazu zu bewegen, ein bestimmtes emotionales Verhalten zu zeigen. Die Reaktion ist den Versuchspersonen dabei bewußt; lediglich der eigentliche Zweck der Verhaltensmanipulation wird verschleiert. Beispielsweise kann man als Begründung vorgeben, die Aufgabe bestehe darin, einen Beobachter zu täuschen. Bei der zweiten Methode, die übrigens nur im Zusammenhang mit dem Gesichtsausdruck verwendet wurde, beschreibt der Versuchsleiter den gewünschten Ausdruck in neutralen Formulierungen. Er berührt bestimmte Gesichtspartien der Versuchsperson und fordert sie auf, diese Gesichtsmuskeln zu kontrahieren. Auf diese Weise stellt er einen bestimmten Emotionsausdruck her, ohne daß dies den Versuchspersonen bewußt wird. Auch hier muß der wahre Versuchszweck verschleiert werden.

Die zuletzt beschriebene Methode wurde erstmals von Laird (1974) angewandt. Als vermeintlichen Untersuchungszweck gab er an, Gesichtsmuskelaktivitäten bei der Wahrnehmung zu studieren. Um die Plausibilität seiner Angaben zu erhöhen, brachte er im Gesicht der Versuchspersonen Meßelektroden an. Durch entsprechende Anweisungen manipulierte er ihre Gesichtsausdrücke entweder zu einem Lächeln oder zu einer finsteren Mine. Sie mußten diesen Ärgerausdruck jeweils für 15 Sekunden beibehalten und sich ein Bild anschauen, das entweder spielende Kinder oder ein Ku Klux Klan-Mitglied zeigte. Anschließend füllten sie einen Fragebogen über ihren Gefühlszustand aus. In einem zweiten Experiment verwendete Laird als Stimuli lustige Karikaturen. In beiden Versuchen führte der Ärgerausdruck zu mehr Aggression und das Lächeln zu mehr Freude.

In einer Wiederholungsuntersuchung von Laird und Crosby (1974) trat der erwartete Effekt des Gesichtsausdrucks auf die Gefühle nur in einem von zwei Experimenten auf. Duncan und Laird (1977, 1980) verwendeten zusätzlich eine Versuchsbedingung mit einem affektiv neutralen Gesichtsausdruck. Sie stellten fest, daß sich die Gefühle der Versuchspersonen nicht nur unter den Bedingungen »Lächeln« und »finsterer Blick« unterschieden, sondern darüber hinaus auch in der erwarteten Richtung von der Neutralitätsbedingung abwichen. Lächeln führte zu mehr Freude als ein neutraler Gesichtsausdruck und eine finstere Miene zu mehr Aggression. In beiden Untersuchungen wurden die Gesichtsausdrücke übrigens in einer affektiv neutralen Situation manipuliert.

Rhodewalt und Comer (1979) veränderten die Mimik ihrer Versuchspersonen ähnlich wie in den zuvor beschriebenen Studien. Allerdings sollten die Versuchspersonen die jeweiligen Gesichtsausdrücke etwa für sieben Minuten beibehalten, während sie einen Aufsatz schrieben. Auch hier zeigte sich ein Einfluß des Gesichtsausdrucks auf den Gefühlszustand.

Während in den bisher beschriebenen Untersuchungen nur relativ harmlose oder gar neutrale Reize verwendet wurden, zeigten Tourangeau und Ellsworth (1979) ihren Versuchspersonen außer einem affektiv neutralen einen Angst und einen Traurigkeit auslösenden Film. Während der zweiminütigen Filmdarbietung war ein neutraler, ängstlicher oder trauriger Gesichtsausdruck beizubehalten. In einer vierten Bedingung wurden keinerlei Instruktionen zum Gesichtsausdruck gegeben. Die Manipulation der Mimik hatte keinerlei Einfluß auf den Gefühlszustand. Die Angst wurde also beispielsweise weder durch einen Angstausdruck intensiviert, noch durch einen neutralen oder traurigen Ausdruck abgeschwächt. Selbst bei dem neutralen Film hatte die Mimik nur einen schwachen, nicht signifikanten Effekt.

Zuletzt ist noch eine Untersuchung von McArthur et al. (1980) zu erwähnen. Die Versuchsanordnung glich weitgehend der von Laird (1974). Allerdings fügten die Autoren eine Bedingung »neutraler Gesichtsausdruck« hinzu und ersetzten die ärgerliche Miene durch eine traurige. Die Ergebnisse sind eher negativ. Nur der traurige Gesichtsausdruck, nicht aber das Lächeln, hatte einen Einfluß auf die Gefühle. In einem ersten Experiment war dieser Effekt nicht einmal signifikant. Darüber hinaus ließ sich eine Gruppe von Personen mit Übergewicht überhaupt nicht durch ihren Gesichtsausdruck beeinflussen.

Wie bereits einleitend erwähnt wurde, besteht eine alternative Methode darin, die Versuchspersonen direkt zur Simulation oder Dissimulation eines emotionalen Verhaltens zu bewegen. So zeigten Leventhal und Mace (1970) Kindern einen lustigen Film und forderten sie auf, dabei entweder viel zu lachen oder Lachen zu vermeiden. Diese Anweisungen wurden damit begründet, daß der Versuchsleiter eine Tonbandaufnahme von dem Gelächter erstellen wolle bzw. daß das Lachen störend wirke. Die Ergebnisse sind widersprüchlich. Jungen stuften den Film als besonders lustig ein, wenn sie nicht lachen sollten, Mädchen dagegen, wenn sie zum Lachen aufgefordert wurden.

In einer Studie von Lanzetta et al. (1976) wurde das Ausdrucksverhalten auf ähnliche Weise manipuliert. Die Versuchspersonen erhielten unterschiedlich starke Elektroschocks, deren Intensität jeweils angekündigt wurde. Im ersten Experiment sollten sie ihr Ausdrucksverhalten unterdrücken, während sie den Schock erwarteten (»wir untersuchen, wie geschickte Leute ihre Reaktionen verbergen können«). Die Schmerzhaftigkeit der Schocks galt als Maß für das erlebte Unbehagen. Wenn die Versuchspersonen ihre Reaktion zu verbergen suchten, stuften sie schwache Schocks als weniger schmerzhaft ein. Bei starken Schocks hatte dagegen das Ausdrucksverhalten keinen Einfluß. Im dritten Experiment bestand ihre Aufgabe darin, einen Beobachter, unabhängig von der angekündigten Schockstärke, davon zu überzeugen, entweder überhaupt keinen oder einen sehr starken Schock zu erwarten. Wenn sie vortäuschten, einen Schock zu erwarten, erlebten sie die Stromschläge als schmerzhafter, als wenn sie vortäuschten, keinen zu erwarten.

Kleck et al. (1976) berichten ein ähnliches Ergebnis. Sie manipulierten das Ausdrucksverhalten ihrer männlichen Versuchspersonen allerdings nicht durch eine direkte Instruktion. Sie reduzierten ihren Ausdruck, indem sie ihnen mitteilten, daß sie von einer Frau beobachtet würden.

6.2.3 Interpretation der experimentellen Befunde

Versuchsergebnisse müssen immer vor dem Hintergrund der Methoden, mit denen sie gewonnen wurden, interpretiert werden. Daher sind einige Gedanken zur experimentellen Manipulation des Verhaltens bzw. des Gesichtsausdrucks angebracht. Der Versuchsleiter muß hier mit relativ groben Mitteln arbeiten. Die kritische Frage lautet, ob die Manipulationen nur zu einer Veränderung des Ausdrucks führen, oder ob sie beispielsweise auch direkt die Gefühle beeinflussen, die Wahrnehmung der Situation verändern, die Aufmerksamkeit auf bestimmte Stimulusaspekte lenken oder gar auf subtile Weise den eigentlichen Versuchszweck oder das erwünschte Versuchsergebnis verraten. Wir haben keinen konkreten Anhaltspunkt dafür, daß solche unerwünschten Effekte vorgelegen haben – aber wir wissen auch nicht, ob sie ausgeschaltet worden sind. Die theorienkonformen Ergebnisse sollten daher vorsichtig bewertet werden. Vielleicht gelingt es in Zukunft, weniger artefaktverdächtige Methoden zu entwickeln. Beispielsweise wäre es denkbar, daß einzelne Gesichtspartien durch eine Lokalanästhesie kurzzeitig unsensibel gemacht werden können, um so eine direkte Wahrnehmung des Gesichtsausdrucks zu unterbinden. Dadurch müßten die Gefühle merklich reduziert werden, wenn die theoretischen Annahmen zutreffen. Solange weitere klärende Befunde ausstehen, sollte nicht von einer abgesicherten Theorie bzw. Teiltheorie gesprochen werden.

Abgesehen von diesen methodischen Bedenken müssen die Ergebnisse auch danach bewertet werden, ob sie die theoretischen Annahmen unterstützen oder ihnen widersprechen. Wir können feststellen, daß die positiven Befunde überwiegen. Allerdings liegen auch einige negative Ergebnisse vor. Weitgehend ungeklärt ist bisher auch, warum sich offenbar nur bestimmte Versuchspersonen durch ihre Mimik beeinflussen lassen (Duncan und Laird, 1977, 1980; Laird und Crosby, 1974; McArthur, 1980) und warum dieser Effekt nur relativ schwach ist (ein harmloses Bild löst stärkere Gefühle aus als der Gesichtsausdruck). Offenbar wirken sich die Verhaltens- und Gesichtsausdrucksmanipulationen also nur unter bestimmten Bedingungen auf den Gefühlszustand aus. Diese Bedingungen müssen in Zukunft spezifiziert werden, um den Geltungsbereich der Theorie einzugrenzen.

Trotz dieser zurückhaltenden Stellungnahmen können wir überlegen, was eine experimentelle Bestätigung der theoretischen Annahmen (Kap. 6.2.1) bedeuten würde. Zwei Phänomene, über deren Zusammengehörigkeit im Rahmen des Emotionskonzeptes diskutiert wurde (vgl. 2.2), nämlich Ausdruck und Erleben, ließen sich nun theoretisch integrieren. Darüber hinaus fände der jedermann bekannte Sachverhalt, daß wir imstande sind, sehr verschiedene Emotionen zu erleben, eine Erklärung. Die Wahrnehmung des eigenen Verhaltens bzw. des eigenen Gesichtsausdrucks wäre demnach die (oder eine) Ursache für die Vielfalt der Gefühle.

In diesem Zusammenhang gewinnen auch die Ausführungen zum Erwerb des Emotionsvokabulars (Kap. 3.5.2) an Bedeutung. Diesen Überlegungen zufolge lernt das Kind, seine Emotionen zu benennen, indem es sich zumindest anfangs nach den Benennungen anderer Menschen richtet. Diese bezeichnen bestimmte Verhaltensweisen und mimische Reaktionen des Kindes als »Angst«, »Freude«, »Traurigkeit« etc. Daher ist es nicht verwunderlich, daß das Kind seine Gefühle teilweise aus der Wahrnehmung dieser Reaktionen schließt. Mit anderen Worten: Wenn das Kind einen traurigen Gesichtsausdruck hat, sagt man ihm, es sei traurig. Später sagt es dann selbst, es sei traurig, wenn es diesen Gesichtsausdruck bei sich wahrnimmt. Genau das nimmt auch die Selbstwahrnehmungs- und die Gesichtsfeedback-Theorie an.

Über den Prozeß der Wahrnehmung des eigenen Verhaltens und des eigenen Gesichtsausdrucks läßt sich vorerst nur spekulieren. Eine Entscheidung zwischen dem Erklärungsansatz von Izard (1971, 1977) und dem von Bem (1972, 1974) ist momentan nicht möglich. Die verwendeten Versuchsanordnungen sind nicht geeignet, die Gesichtsfeedback-Theorie zugunsten der Selbstwahrnehmungstheorie zurückzuweisen und umgekehrt.

6.3 Zusammenfassung

Auf welche Weise emotionales Erleben, Verhalten und emotionale physiologische Reaktion zusammenhängen, ist Gegenstand verschiedener Theorien. Schachter und Singer (1962) nehmen an, daß die Intensität der Emotionen von der Intensität der physiologischen Erregung abhängt, die Qualität dagegen von den situativen Reizen. Unter Emotionen verstehen sie sowohl Verhalten als auch Erleben. Andere Autoren (z. B. Bem, 1972; Izard, 1977) sehen dagegen emotionales Verhalten als Ursache des emotionalen Erlebens an.

Die Schachtersche Emotionstheorie wurde in verschiedenen Experimenten überprüft, in denen die physiologische Erregung der Versuchspersonen künstlich verändert wurde. Die Ergebnisse widersprechen weitgehend den theoretischen Annahmen. Auch konzeptuell andere Untersuchungen (Befragung von Querschnittsgelähmten, falsche Erregungsrückmeldung,

Mißattribution) können die Theorie nicht unterstützen. Sie sind methodisch problematisch und haben teilweise widersprüchliche Ergebnisse geliefert. Die Wahrnehmung körperlicher Erregungssymptome spielt vermutlich bei der Entstehung von Gefühlen eine Rolle, diese wird durch die Schachtersche Emotionstheorie aber nicht adäquat beschrieben.

Der andere theoretische Ansatz hat Untersuchungen hervorgebracht, in denen emotionales Verhalten, insbesondere der Gesichtsausdruck, manipuliert wurde. Die verwendeten Methoden sind problematischer als die Methoden zur Erregungsinduktion. Die Ergebnisse dagegen bestätigen größtenteils die Hypothesen. Angesichts der methodischen Probleme und einiger widersprüchlicher Befunde sollten nur unter Vorbehalt Schlußfolgerungen gezogen werden. Möglicherweise wird unser emotionales Erleben durch die Wahrnehmung unseres Gesichtsausdrucks und Verhaltens beeinflußt. Die zukünftige Forschung muß diese Hypothese noch weiter abklären.

Literatur

Abelson, R. P., & Sermat, V.: Multidimensional scaling of facial expressions. *Journal of Experimental Psychology*, 1962, *63*, 546–554.

Alexander, F.: *Psychosomatische Medizin*. Berlin: De Gruyter, 1971 (1. Aufl. 1951).

Arnold, M. B.: *Emotion und personality* (Vol. 2). New York: Columbia University Press, 1960.

Arnold, M. B.: (Ed.) *Feelings and emotions: The Loyola Symposium*. New York: Academic Press, 1970.

Averill, J. R.: Autonomic response patterns during sadness and mirth. *Psychophysiology*, 1969, *5*, 399–414.

Averill, J. R.: A semantic atlas of emotional concepts. *Catalog of Selected Documents in Psychology*, 1975, *5*, 330.

Averill, J. R., Malmstrom, E. J., Koriat, A., & Lazarus, R. S.: Habituation to complex emotional stimuli. *Journal of Abnormal Psychology*, 1972, *80*, 20–28.

Averill, J. R., Opton, E. M., Jr., & Lazarus, R. S.: Cross-cultural studies of psychophysiological responses during stress and emotion. *International Journal of Psychology*, 1969, *4*, 83–102.

Ax, A.: The physiological differentiation between fear and anger in humans. *Psychosomatic Medicine*, 1953, *15*, 433–442.

Bandura, A.: Social learning through imitation. In M. R. Jones (Ed.), *Nebraska Symposium on Motivation*. Lincoln: University of Nebraska Press, 1962.

Barchas, J. D., Ciaranello, R. D., Stolk, J. M., Brodie, H. K. H., & Hamburg, D. A.: Biogenic amines and behavior. In S. Levine (Ed.), *Hormones and behavior*. New York: Academic Press, 1972.

Becker, D.: *Hirnstromanalysen affektiver Verläufe: Ein experimenteller Beitrag zur neuropsychologischen Affektforschung*. Göttingen: Hogrefe, 1972.

Becker-Carus, C., Heyden, T., & Ziegler, G.: *Psychophysiologische Methoden: Eine Einführung*. Stuttgart: Enke, 1979.

Beebe-Center, J. G.: Feeling and emotion. In H. Helson (Ed.), *Theoretical foundations of psychology*. Princeton, N. J.: Van Nostrand, 1951.

Bem, D. J.: Self-perception theory. In L. Berkowitz (Ed.), *Advances in Experimental Social Psychology* (Vol. 6). New York: Academic Press, 1972.

Bem, D. J.: Cognitive alteration of feeling states: A discussion. In H. London & R. E. Nisbett (Eds.), *Thought and feeling: Cognitive alteration of feeling states*. Chicago: Aldine, 1974.

Birbaumer, N.: *Physiologische Psychologie: Eine Einführung an ausgewählten Themen*. Berlin: Springer, 1975.

Block, J.: Studies in the phenomenology of the emotions. *Journal of Abnormal and Social Psychology*, 1957, *54*, 358–363.

Borkovec, T. D.: Physiological and cognitive processes in the regulation of anxiety. In G. E. Schwartz & D. Shapiro (Eds.), *Consciousness and self-regulation: Advances in research* (Vol. 1). New York: Wiley, 1976.

Borkovec, T. D., Wall, R. L., & Stone, N. M.: False physiological feedback and the maintenance of speech anxiety. *Journal of Abnormal Psychology*, 1974, *83*, 164–168.

Bottenberg, E. H.: *Emotionspsychologie*. München: Goldmann, 1972.

Bottenberg, E. H.: Phenomenological and operational characterization of factor-analytically derived dimensions of emotion. *Psychological Reports*, 1975, *37*, 1253–1254.

Brackbill, Y.: Extinction of the smiling response in infants as a function of reinforcement schedule. *Child Development*, 1958, *29*, 115–124.

Bredenkamp, J., & Wippich, W.: *Lern- und Gedächtnispsychologie* (Bd. 1). Stuttgart: Kohlhammer, 1977.

Brehm, S. S.: *Anwendungen der Sozialpsychologie in der klinischen Praxis*. Bern: Huber, 1980 (amerik. Orig. 1976).

Bridges, K. M. B.: Emotional development in early infancy. *Child Development*, 1932, *3*, 324–341.

Brooks, C. McC., Koizumi, K., & Sato, A.: *Integrative functions of the autonomic nervous system*. Tokyo: University of Tokyo Press, 1979.

Bull, N.: *The attitude theory of emotion*. New York: Johnson Reprint Corporation, 1968 (1. Aufl. 1951).

Bush II. L. E.: Individual differences multidimensional scaling of adjectives denoting feelings. *Journal of Personality and Social Psychology*, 1973, *25*, 50–57.

Campos, J. J., Hiatt, S., Ramsay, D., Henderson, C., & Svejda, M.: The emergence of fear on the visual cliff. In M. Lewis & L. A. Rosenblum (Eds.), *The development of affect*. New York: Plenum Press, 1978.

Cannon, W. B.: *Wut, Hunger, Angst und Schmerz: Eine Physiologie der Emotionen*. München: Urban & Schwarzenberg, 1975 (amerik. Orig. 1929).

Cantril, H., & Hunt, W. A.: Emotional effects produced by the injection of adrenaline. *American Journal of Psychology*, 1932, *44*, 300–307.

Cerny, M., Jirak, R., Lukasova, A., & Pokorna, P.: The physiological characteristics of emotional states induced by hypnosuggestion. *Activitas Nervosa Superior*, 1973, *15*, 59.

Cerny, M., Jirak, A., Lukasova, A., Pavlat, J., & Pokorna, P.: Physiological components of simulated and hypnosuggestively induced emotional states. *Activitas Nervosa Superior*, 1974, *16*, 121–122.

Charlesworth, W. R., & Kreutzer, M. A.: Facial expressions of infants and children. In P. Ekman (Ed.), *Darwin and facial expression: A century of research in review*. New York: Academic Press, 1973.

Chelune, G. J. et al.: *Self-disclosure: Origins, patterns, and implications of openness in interpersonal relationships*. San Francisco: Jossey-Bass, 1979.

Chevalier-Skolnikoff, S.: Facial expression of emotion in nonhuman primates. In P. Ekman (Ed.), *Darwin and facial expression: A century of research in review*. New York: Academic Press, 1973.

Clynes, M.: *Sentics: The touch of emotions*. Garden City, N. Y.: Anchor Press, 1977.

Cotton, J. L., Baron, R. S., & Borkovec, T. D.: Caffeine ingestion, misattribution therapy, and speech anxiety. *Journal of Research in Personality*, 1980, *14*, 196–206.

Cozby, P.: Self-disclosure: A literature review. *Psychological Bulletin*, 1973, *79*, 73–91.

Crinis, M. de: *Der Affekt und seine körperlichen Grundlagen: Eine Studie über die Leib–Seele–Beziehungen*. Leipzig: Thieme, 1944.

Darwin, C.: *Der Ausdruck der Gemüthsbewegungen bei dem Menschen und den Thieren*. Stuttgart: E. Schweizerbart'sche Verlagshandlung, 1872.

Davitz, J. R.: *The language of emotion*. New York: Academic Press, 1969.

DeRivera, J.: A structural theory of the emotions. *Psychological Issues*, 1977, *10*, No. 4 (monograph 40).

Dessoir, M.: *Geschichte der neueren deutschen Psychologie* (2. Aufl.). Amsterdam: Bonset, 1964 (Nachdruck der Ausgabe Berlin 1902).

Devine, B., & Lundberg, U.: The influence of emotional conditions on similarity estimations of emotional terms. *Scandinavian Journal of Psychology*, 1977, *18*, 317–326.

Dietze, A. G.: Types of emotions or dimensions of emotion? A comparison of typal analysis with factor analysis. *Journal of Psychology*, 1963, *56*, 143–159.

Dittmann, A. T.: *Interpersonal messages of emotion*. New York: Springer, 1972.

Dornseiff, F.: *Der deutsche Wortschatz nach Sachgruppen*. Berlin: De Gruyter, 1959 (5. Aufl.).

Dor-Shav, N. K., & Dor-Shav, Z.: Cross-cultural study of ratings of phenomenological experience of emotion. *Psychological Reports*, 1978, *42*, 583–590.

Dudley, D. L., Holmes, T. H., Martin, C. J., & Ripley, H. S.: Changes in respiration associated with hypnotically induced emotion, pain, and exercise. *Psychosomatic Medicine*, 1964, *26*, 46–57.

Duncan, J. W., & Laird, J. D.: Cross-modality consistencies in individual differences in self-attribution. *Journal of Personality*, 1977, *45*, 191–206.

Duncan, J. W., & Laird, J. D.: Positive and reverse placebo effects as a function of differences in cues used in self-perception. *Journal of Personality and Social Psychology*, 1980, *39*, 1024–1036.

Ehrhardt, K. J.: *Neuropsychologie 'motivierten' Verhaltens: Antriebe und kognitive Funktionen der Verhaltenssteuerung.* Stuttgart: Enke, 1975.

Eibl-Eibesfeldt, I.: *Grundriß der vergleichenden Verhaltensforschung.* München: Piper, 1972 (3. Aufl.).

Ekman, G.: Eine neue Methode zur Erlebnisanalyse. *Zeitschrift für Experimentelle und Angewandte Psychologie*, 1954, *2*, 167–174.

Ekman, G.: Dimensions of emotion. *Acta Psychologica*, 1955, *11*, 279–288.

Ekman, P.: Universals and cultural differences in facial expression of emotion. In J. K. Cole (Ed.), *Nebraska Symposium on Motivation.* Lincoln: University of Nebraska Press, 1972.

Ekman, P.: Cross-cultural studies of facial expression. In P. Ekman (Ed.), *Darwin and facial expression: A century of research in review.* New York: Academic Press, 1973.

Ekman, P., & Friesen, W. V.: *Unmasking the face: A guide to recognizing emotions from facial clues.* Englewood Cliffs, N. J.: Prentice-Hall, 1975.

Ekman, P., & Friesen, W. V.: Measuring facial movement. *Environmental Psychology and Nonverbal Behavior*, 1976, *1*, 56–75.

Ekman, P., & Friesen, W. V.: *Investigator's guide: Facial Action Coding System.* Palo Alto, Calif.: Consulting Psychologists Press, 1978 (a).

Ekman, P., & Friesen, W. V.: *Manual: Facial Action Coding System.* Palo Alto, Calif.: Consulting Psychologists Press, 1978 (b).

Ekman, P., Friesen, W. V., & Ancoli, S.: Facial signs of emotional experience. *Journal of Personality and Social Psychology*, 1980, *39*, 1125–1134.

Ekman, P., Friesen, W. V., & Ellsworth, P.: *Gesichtssprache: Wege zur Objektivierung menschlicher Emotionen.* Wien: Böhlaus, 1974 (amerik. Orig. 1972).

Ekman, P., Friesen, W. V., & Tomkins, S. S.: Facial Affect Scoring Technique (FAST): A first validity study. *Semiotica*, 1971, *3*, 37–58.

Ekman, P., & Oster, H.: Facial expressions of emotion. *Annual Review of Psychology*, 1979, *30*, 527–554.

Emde, R. N., Kligman, D. H., Reich, J. H., & Wade, T. D.: Emotional expression in infancy: I. Initial studies of social signaling and an emergent model. In M. Lewis & L. A. Rosenblum (Eds.), *The development of affect.* New York: Plenum Press, 1978.

Engelmann, A.: *Subjective states: An attempt at classification through verbal reports* (Englische Kurzfassung von: *Os esta dos subjektivos. Uma tentativa de classificacao de sen relatos verbais.* Sao Paulo: Editora Atica, 1978).

Erdmann, G., & Becker, J.: Experimentelle Untersuchung zur Wirkung von Ephedrin in einer ärgerauslösenden Situation. *Arzneimittel-Forschung*, 1978, *28*(II), 1313–1315.

Erdmann, G., & Janke, W.: Interaction between physiological and cognitive determinants of emotions: Experimental studies on Schachter's theory of emotions. *Biological Psychology*, 1978, *6*, 61–74.

Erdmann, G., & Van Lindern, B.: The effects of beta-adrenergic stimulation and beta-adrenergic blockade on emotional reactions. *Psychophysiology*, 1980, *17*, 332–338.

Eysenck, H. J.: The measurement of emotion: Psychological parameters and methods. In L. Levi (Ed.), *Emotions: Their parameters and measurement.* New York: Raven Press, 1975.

Fahrenberg, J.: Zur Frage einer differentiellen Physiologie der Affekte. *Psychologische Forschung,* 1965, *28,* 422–438.

Fahrenberg, J., Walschburger, P., Foerster, F., Myrtek, M., & Müller, W.: *Psychophysiologische Aktivierungsforschung: Ein Beitrag zu den Grundlagen der multivariaten Emotions- und Stress-Theorie.* München: Minverva, 1979.

Feleky, A. M.: The expression of the emotions. *Psychological Review,* 1914, *21,* 33–41.

Fenz, W. D., & Epstein, S.: Gradients of physiological arousal in parachutists as a function of an approaching jump. *Psychosomatic Medicine,* 1967, *29,* 33–51.

Fillenbaum, S., & Rapoport, A.: *Structures in the subjecitve lexicon.* New York: Academic Press, 1971.

Fox, M.: On unconscious emotions. *Philosophy and Phenomenological Research,* 1973/1974, *34,* 151–170.

Fox, M.: Unconscious emotions: A reply to professor Mullane. *Philosophy and Phenomenological Research,* 1975/1976, *36,* 412–414.

Frankenhaeuser, M.: Experimental approaches to the study of catecholamines and emotion. In L. Levi (Ed.), *Emotions: Their parameters and measurement.* New York: Raven Press, 1975.

Frijda, N. H.: Recognition of emotion. In L. Berkowitz (Ed.), *Advances in Experimental Social Psychology* (Vol. 4). New York: Academic Press, 1969.

Frijda, N. H.: Emotion and recognition of emotion. In M. B. Arnold (Ed.), *Feelings and emotions: The Loyola Symposium.* New York: Academic Press, 1970.

Frijda, N. H., & Philipszoon, E.: Dimensions of recognition of emotion. *Journal of Abnormal Social Psychology,* 1963, *66,* 45–51.

Fröbes, J.: *Lehrbuch der experimentellen Psychologie.* Freiburg: Herder, 1917 (Bd. 1), 1920 (Bd. 2).

Frost, R. O., Burish, T. G., & Holmes, D. S.: Stress und EEG-alpha. *Psychophysiology,* 1978, *15,* 394–397.

Funkenstein, D. H.: The physiology of fear and anger. *Scientific American,* 1955, *192*(5), 74–80.

Funkenstein, D. H., King, S. H., & Drolette, M.: The direction of anger during a laboratory stress-inducing situation. *Psychosomatic Medicine,* 1954, *16,* 404–413.

Ganong, W. F.: *Medizinische Physiologie.* Berlin: Springer, 1971 (amerik. Orig. 1969).

Gebauer, G.: *Wortgebrauch, Sprachbedeutung: Beiträge zu einer Theorie der Bedeutung im Anschluß an die spätere Philosophie Ludwig Wittgensteins.* München: Bayrischer Schulbuch-Verlag, 1971.

Geckeler, H.: *Strukturelle Semantik und Wortfeldtheorie.* München: Fink, 1971.

Gellhorn, E.: Motion and emotion: The role of proprioception in the physiology and pathology of emotions. *Psychological Review,* 1964, *71,* 457–472.

Gerdes, E. P.: Autonomic arousal as a cognitive cue in stressful situations. *Journal of Personality,* 1979, *47,* 677–711.

Girodo, M.: Film-induced arousal, information search, and the attribution process. *Journal of Personality and Social Psychology,* 1973, *25,* 357–360.

Gladstones, W. H.: A multidimensional study of facial expression of emotion. *Australian Journal of Psychology,* 1962, *14,* 95–100.

Goldstein, D., Fink, D., & Mettee, D. R.: Cognition of arousal and actual arousal as determinants of emotion. *Journal of Personality and Social Psychology,* 1972, *21,* 41–51.

Gottschalk, L. A.: Drug effects in the assessment of affective states in man. In W. B. Essman & L. Valzelli (Eds.), *Current developments in psychopharmacology* (Vol. 1). Holliswood, N. Y.: Spectrum, 1975.

Graham, F. K., & Jackson, J. C.: Arousal systems and infant heart rate responses. In H. W. Reese & L. P. Lipsitt (Eds.), *Advances in Child Development and Behavior* (Vol. 5). New York: Academic Press, 1970.

Grings, W. W., & Dawson, M. E.: *Emotions and bodily responses: A psychophysiological approach.* New York: Academic Press, 1978.

Grossman, S. P.: *A textbook of physiological psychology.* New York: Wiley, 1967.

Hampel, R.: Adjektiv-Skalen zur Einschätzung der Stimmung (SES). *Diagnostica,* 1977, *23,* 43–60.

Hastorf, A. H., Osgood, E. E., & Ono, H.: The semantic of facial expressions and the prediction of the meanings of stereoscopically fused facial expressions. *Scandinavian Journal of Psychology,* 1966, *7,* 179–188.

Harris, V. A., & Katkin, E. S.: Primary and secondary emotional behavior: An analysis of the role of autonomic feedback on affect, arousal, and attribution. *Psychological Bulletin,* 1975, *82,* 904–916.

Hebb, D. O.: Emotion in man and animal: An analysis of the intuitive processes of recognition. *Psychological Review,* 1946, *53,* 88–106.

Hehlmann, W.: *Geschichte der Psychologie.* Stuttgart: Körner, 1963.

Hilgard, E. R., & Bower, G. H.: *Theorien des Lernens* (Bd. 1). Stuttgart: Klett, 1973 (3. Aufl.; amerik. Orig. 1966).

Hirschman, R.: Cross-modal effects of anticipatory bogus heart rate feedback in a negative emotional context. *Journal of Personality and Social Psychology,* 1975, *31,* 13–19.

Hirschman, R., & Katkin, E. S.: Psychophysiological functioning, arousal, attention, and learning during the first year of life. In H. W. Reese (Ed.), *Advances in Child Development and Behavior* (Vol. 9). New York: Academic Press. 1974.

Hoberg, G.: *Die Lehre vom sprachlichen Feld.* Düsseldorf: Schwann, 1970.

Hofstätter, P. R.: Dimensionen des mimischen Ausdrucks. *Zeitschrift für Experimentelle und Angewandte Psychologie,* 1956, *3,* 505–529.

Hofstätter, P. R.: *Einführung in die Sozialpsychologie.* Stuttgart: Kröner, 1966 (4. Aufl.).

Hohmann, G. W.: Some effects of spinal cord lesions on experienced emotional feelings. *Psychophysiology,* 1966, *3,* 143–156.

Horwicz, A.: *Psychologische Analysen auf physiologischer Grundlage: Ein Versuch zur Neubegründung der Seelenlehre.* (Teil 2/2): *Analyse der qualitativen Gefühle.* Magdeburg: Faber, 1878.

Hulsebus, R. C.: Operant conditioning of infant behavior: A review. In H. W. Reese (Ed.), *Advances in Child Development and Behavior* (Vol. 8). New York: Academic Press, 1973.

Izard, C. E.: *The face of emotion.* New York: Appleton-Century-Crofts, 1971.

Izard, C. E.: *Human emotions.* New York: Plenum Press, 1977.

Izard, C. E.: On the ontogenesis of emotions and emotion-cognition relationships in infancy. In M. Lewis & L. A. Rosenblum (Eds.), *The development of affect.* New York: Plenum Press, 1978.

Izard, C. E., & Buechler, S.: Emotion expressions and personality integration in infancy. In C. E. Izard (Ed.), *Emotions in personality and psychopathology.* New York: Plenum Press, 1979.

Izard, C. E., Dougherty, F. E., Bloxom, B. M., & Kotsch, W. E.: *The Differential Emotions Scale: A method of measuring the subjective experience of discrete emotions.* Vanderbilt University: Unveröff. Manuskript, 1974.

James, W.: *The principles of psychology.* New York: Holt, 1890 (Reprint: Dover Publications, 1950).

Janke, W., & Debus, G.: *Die Eigenschaftswörterliste EWL.* Göttingen: Hogrefe, 1978.

Jasnos, T. M., & Hakmiller, K. L.: Some effects of lesion level, and emotional cues on affective expression in spinal cord patients. *Psychological Reports,* 1975, *37,* 859–870.

121

Johnson, S. C.: Hierarchical clustering schemes. *Psychometrika*, 1967, *32*, 241–254.
Johnson, W. F., Emde, R. N., Pannabecker, B. J., Stenberg, C., & Davis, M.: *Maternal perception of infant emotion from birth through 18 month*. In Vorbereitung.
Kauranne, U.: Qualitative factors of facial expression. *Scandinavian Journal of Psychology*, 1964, *5*, 136–142.
Keidel, W. D. (Hrsg.): *Kurzgefaßtes Lehrbuch der Physiologie*. Stuttgart: Thieme, 1970 (2. Aufl.).
Kerber, K. W., & Coles, M. G. H.: The role of perceived physiological activity in affective judgements. *Journal of Experimental Social Psychology*, 1978, *14*, 419–433.
Kimmel, H. D.: Instrumental conditioning of autonomically mediated behavior. *Psychological Bulletin*, 1967, *67*, 337–345.
Kimmel, H. D.: Instrumental conditioning of autonomically mediated responses in human beings, *American Psychologist*, 1974, *29*, 325–335.
Klappenbach, R., & Steinitz, W. (Hrsg.): *Wörterbuch der deutschen Gegenwartssprache*. Berlin: Akademie-Verlag, 1964.
Kleck, R. E., Vaughan, R. C., Cartwright-Smith, J., Vaughan, K. B., Colby, C. Z., & Lanzetta, J. T.: Effects of being observed on expressive, subjective, and physiological responses to painful stimuli. *Journal of Personality and Social Psychology*, 1976, *34*, 1211–1218.
Knight, M. L., & Borden, R. J.: Autonomic and affective reactions of high and low socially-anxious individuals awaiting public performance. *Psychophysiology*, 1979, *16*, 209–213.
Korchin, S. J., & Heath, H. A.: Somatic experience in the anxiety state: Some sex and personality correlates of »autonomic feedback«. *Journal of Consulting Psychology*, 1961, *25*, 398–404.
Kristof, W.: Eine empirische Untersuchung zur Klassifikation der Gefühle. *Psychologische Forschung*, 1964, *28*, 46–63.
Lacey, J. I.: Somatic response patterning and stress: Some revisions of activation theory. In M. H. Appley & R. Trumbull (Eds.), *Psychological stress*. New York: Appleton-Century-Crofts, 1967.
Lader, M., & Tyrer, P.: Vegetative system and emotion. In L. Levi (Ed.), *Emotions: Their parameters and measurement*. New York: Raven Press, 1975.
Laird, J. D.: Self-attribution of emotion: The effects of expressive behavior on the quality of emotional experience. *Journal of Personality and Social Psychology*, 1974, *29*, 475–486.
Laird, J. D., & Crosby, M.: Individual differences in self-attribution of emotion. In H. London & R. Nisbett (Eds.), *Thought and feeling: Cognitive alteration of feeling states*. Chicago: Aldine, 1974.
Landis, C.: Studies of emotional reactions: II. General behavior and facial expression. *Journal of Comparative Psychology*, 1924, *4*, 447–509.
Landis, C., & Hunt, W. A.: Adrenalin and emotion. *Psychological Review*, 1932, *39*, 467–485.
Lang, P. J.: Fear reduction and fear behavior: Problems in treating a construct. In J. M. Shlien (Ed.), *Research in psychotherapy* (Vol. 3). Washington, D. C.: American Psychological Association, 1968.
Lang, P. J.: A bio-informational theory of emotional imagery. *Psychophysiology*, 1979, *16*, 495–512.
Lange, C.: *Die Gemütsbewegungen*. Würzburg: Kabitsch, 1910 (dän. Orig. 1885).
Lanzetta, J. T., Cartwright-Smith, J., & Kleck, R. E.: Effects of nonverbal dissimulation on emotional experience and autonomic arousal. *Journal of Personality and Social Psychology*, 1976, *33*, 354–370.
Laucken, U.: *Naive Verhaltenstheorie*. Stuttgart: Klett, 1973.
Lazarus, R. S., Averill, J. R., & Opton, E. M., Jr.: Ansatz zu einer kognitiven

Gefühlstheorie. In N. Birbaumer (Hrsg.), *Neuropsychologie der Angst.* München: Urban & Schwarzenberg, 1973.

Lazarus, R. S., Averill, J. R., & Opton, E. M., Jr.: The psychology of coping: Issues of research and assessment. In G. V. Coelho, D. A. Hamburg & J. E. Adams (Eds.), *Coping and adaptation.* New York: Basic Books, 1974.

Lazarus, R. S., Speisman, J. C., Mordkoff, A. M., & Davison, L. A.: A laboratoy study of psychological stress produced by a motion picture film. *Psychological Monographs: General and Applied,* 1962, *76,* (whole No. 553).

Lazarus, R. S., Tomita, M., Opton, E. M., Jr., & Kodama, M.: A cross-cultural study of stress-reaction patterns in Japan. *Journal of Personality and Social Psychology,* 1966, *4,* 622–633.

Leeper, R. W.: Some needed developments in the motivational theory of emotions. In D. Levine (Ed.), *Nebraska Symposium on Motivation.* Lincoln: University of Nebraska Press, 1965.

Legewie, H., & Nusselt, L. (Hrsg.): *Biofeedback-Therapie: Lernmethoden in der Psychosomatik, Neurologie und Rehabilitation.* München: Urban & Schwarzenberg, 1975.

Leschke, E.: Die körperlichen Begleiterscheinungen seelischer Vorgänge. *Archiv für die Gesamte Psychology,* 1911, *21,* 435–463.

Leventhal, H., & Mace, W.: The effect of laughter on evaluation of a slapstick movie. *Journal of Personality,* 1970, *38,* 16–30.

Levi, L.: (Ed.) *Emotions: Their parameters and measurement.* New York: Raven Press, 1975.

Lewis, M., Brooks, J., & Haviland, J.: Hearts and faces: A study in the measurement of emotion. In M. Lewis & L. A. Rosenblum (Eds.), *The development of affect.* New York: Plenum Press, 1978.

Liebhart, E. H.: Information search and attribution: Cognitive processes mediating the effect of false autonomic feedback. *European Journal of Social Psychology,* 1979, *9,* 19–37.

London, H., Schubert, D. S. P., & Washburn, D.: Increase of autonomic arousal by boredom. *Journal of Abnormal Psychology,* 1972, *80,* 29–36.

Lundberg, U., & Devine, B.: Negative similarities. *Educational and Psychological Measurement,* 1975, *35,* 797–807.

Mandler, G.: *Mind and emotion.* New York: Wiley, 1975.

Marshall, G. D., & Zimbardo, P. G.: Affective consequences of inadequately explained physiological arousal. *Journal of Personality and Social Psychology,* 1979, *37,* 970–988.

Martin, I., & Grosz, H. J.: Hypnotically induced emotions. *Archives of General Psychiatry,* 1964, *11,* 203–213.

Maslach, C.: Negative emotional biasing of unexplained arousal. *Journal of Personality and Social Psychology,* 1979, *37,* 953–969.

McArthur, L. Z., Solomon, M. R., & Jaffe, R. H.: Weight differences in emotional responsiveness to proprioceptive and pictorial stimuli. *Journal of Personality and Social Psychology,* 1980, *39,* 308–319.

Meyer, M. F.: That whale among the fishes – the theory of emotions. *Psychological Review,* 1933, *40,* 292–300.

Miller, N. E.: Learning of visceral and glandular responses. *Science,* 1969, *163,* 434–445.

Mordkoff, A. M.: The relationship between psychological and physiological response to stress. *Psychosomatic Medicine,* 1964, *26,* 135–150.

Mullane, H.: Unconscious Emotions. *Theoria,* 1965, *31,* 181–190.

Mullane, H.: Discussion: Unconscious and disguised emotions. *Philosophy and Phenomenological Research,* 1975/1976, *36,* 403–411.

Nisbett, R. E., & Schachter, S.: The cognitive manipulation of pain. *Journal of Experimental Social Psychology,* 1966, *2,* 227–236.

Nowlis, V.: Research with the Mood Adjective Check List. In S. S. Tomkins & C. E. Izard (Eds.), *Affect, cognition and personality*. New York: Springer, 1965.

Nowlis, V. Mood: Behavior and experience. In M. B. Arnold (Ed.), *Feelings and emotions: The Loyola Symposium*. New York: Academic Press, 1970.

Opton, E., Jr., Rankin, N. O., & Lazarus, R. S.: A simplified method of heart rate measurement. *Psychophysiology*, 1966, *2*, 87–97.

Osgood, C. E.: Dimensionality of the semantic space for communication via facial expressions. *Scandinavian Journal of Psychology*, 1966, *7*, 1–30.

Panse, F.: *Angst und Schreck*. Stuttgart: Thieme, 1952.

Petry, H. M., & Desiderato, O.: Changes in heart rate, muscle activity, and anxiety level following shock threat. *Psychophysiology*, 1978, *15*, 398–402.

Plutchik, R.: *Emotion: A psychoevolutionary synthesis*. New York: Harper & Row, 1980.

Plutchik, R., & Ax, A.: A critique of determinants of emotional state by Schachter and Singer (1962). *Psychophysiology*, 1967, *4*, 79–82.

Prokasy, W. F.: (Ed.) *Classical conditioning: A symposium*. New York: Appleton-Century-Crofts, 1965.

Rembert, A.: Wittgenstein on learning the names of inner states. *Philosophical Review*, 1975, *84*, 236–248.

Rhodewalt, F., & Comer, R.: Induced-compliance attitude change: Once more with feeling. *Journal of Experimental Social Psychology*, 1979, *15*, 35–47.

Riccio, D. C., & Silvestri, R.: Extinction of avoidance behavior and the problem of residual fear. *Behaviour Research and Therapy*, 1973, *11*, 1–9.

Rogers, R. W., & Deckner, C. W.: Effects of fear appeals and physiological arousal upon emotion, attitudes, and cigarette smoking. *Journal of Personality and Social Psychology*, 1975, *32*, 222–230.

Ross, L. D., Rodin, J., & Zimbardo, P. G.: Toward an attribution therapy: The reduction of fear through induced cognitive-emotional misattribution. *Journal of Personality and Social Psychology*, 1969, *12*, 279–288.

Sarbin, T. R.: Ontology recapitulates philology: The mythic nature of anxiety. *American Psychologist*, 1968, *23*, 411–418.

Schachter, J.: Pain, fear, and anger in hypertensives and normotensives: A psychophysiological study. *Psychosomatic Medicine*, 1957, *19*, 17–29.

Schachter, S.: The interaction of cognitive and physiological determinants of emotional state. In L. Berkowitz (Ed.), *Advances in Experimental Social Psychology* (Vol. 1). New York: Academic Press, 1964.

Schachter, S.: *Emotion, obesity, and crime*. New York: Academic Press, 1971.

Schachter, S., & Singer, J. E.: Cognitive, social, and physiological determinants of emotional state. *Psychological Review*, 1962, *69*, 379–399.

Schachter, S., & Wheeler, L.: Epinephrine, chlorpromazine, and amusement. *Journal of Abnormal and Social Psychology*, 1962, *65*, 121–128.

Scherer, K. R.: Nonlinguistic vocal indicators of emotion and psychopathology. In C. E. Izard (Ed.), *Emotions in personality and psychopathology*. New York: Plenum Press, 1979.

Scherer, K. R.: Wider die Vernachlässigung der Emotion in der Psychologie. In W. Michaelis (Hrsg.), *Bericht über den 32. Kongreß der Deutschen Gesellschaft für Psychologie in Zürich 1980* (Bd. 1). Göttingen: Hogrefe, 1981.

Schlosberg, H.: The description of facial expressions in terms of two dimensions. *Journal of Experimental Psychology*, 1952, *44*, 229–237.

Schlosberg, H.: Three dimensions of emotion. *Psychological Review*, 1954, *61*, 81–88.

Schmidt, L. (Hrsg.): *Wortfeldforschung: Zur Geschichte und Theorie des sprachlichen Feldes*. Darmstadt: Wissenschaftliche Buchgesellschaft, 1973.

Schmidt-Atzert, L.: *Die verbale Kommunikation von Emotionen: Eine Bedingungsanalyse unter besonderer Berücksichtigung physiologischer Prozesse*. Unveröffentlichte Dissertation, Universität Gießen, 1980.

Schwartz, G. E.: Cardiac responses to self-induced thoughts. *Psychophysiology*, 1971, *8*, 462–467.
Schwartz, G. E., Fair, P. L., Salt, P., Mandel, M. R., & Klerman, G. L.: Facial expression and imagery in depression: An electromyographic study. *Psychosomatic Medicine*, 1976, *38*, 337–347.
Seligman, M. E. P.: On the generality of the laws of learning. *Psychological Review*, 1970, *77*, 406–418.
Selye, H.: (Ed.) *Selye's guide to stress research* (Vol. 1). New York: Van Nostrand Reinhold, 1980.
Sherrington, C. S.: Experiments on the value of vascular and visceral factors for the genesis of emotion. *Proceedings of the Royal Society of London*, 1900, *66*, 390–403.
Shields, S. A., & Stern, R. M.: Emotion: The perception of bodily change. In P. Pliner, K. R. Blankstein & I. M. Spigel (Eds.), *Perception of emotion in self and others*. New York: Plenum Press, 1979.
Simon, A., Herbert, C. C., & Strauss, R.: *The physiology of emotions*. Springfield, Ill.: Thomas, 1961.
Skinner, B. F.: The operational analysis of psychological terms. *Psychological Review*, 1945, *52*, 270–277.
Skinner, B. F.: *Verbal behavior*. New York: Appleton-Century-Crofts, 1957.
Skinner, B. F.: *Wissenschaft und menschliches Verhalten*. München: Kindler, 1973 (amerik. Orig. 1953).
Speisman, J. C., Lazarus, R. S., Davison, L., & Mordkoff, A. A.: Experimental analysis of a film used as a threatening stimulus. *Journal of Consulting Psychology*, 1964, *28*, 23–33.
Spinoza, B. de: *Ethik*. Leipzig: Meiner, 1910 (7. Aufl.).
Sroufe, L. A.: Socioemotional development. In J. D. Osofsky (Ed.), *Handbook of infant development*. New York: Wiley, 1979.
Sroufe, L. A., & Waters, E.: The ontogenesis of smiling and laughter: A perspective on the organization of development in infancy. *Psychological Review*, 1976, *83*, 173–189.
Steiner, J. E.: Human facial expressions in response to taste and smell stimulation. In H. W. Reese & L. P. Lipsitt (Eds.), *Advances in Child Development and Behavior* (Vol. 13). New York: Academic Press, 1979.
Stenberg, C. R., Campos, J. J., & Emde, R. N.: *The facial expression of anger in seven month old infants*. In Vorbereitung.
Stern, C., & Stern, W.: *Die Kindersprache: Eine psychologische und sprachtheoretische Untersuchung*. Leipzig: Barth, 1928 (4. Aufl.).
Sternbach, R. A.: Assessing differential autonomic patterns in emotions. *Journal of Psychosomatic Research*, 1962, *6*, 87–91.
Stringer, P.: Cluster analysis of nonverbal judgements of facial expression. *British Journal of Mathematical and Statistical Psychology*, 1967, *20*, 71–79.
Strongman, K. T.: *The psychology of emotion* (2nd ed.). Chichester: Wiley, 1978.
Thornton, E. W., & Hagan, P. J.: A failure to explain the effects of false heart-rate feedback on affect by induced changes in physiological response. *British Journal of Psychology*, 1976, *67*, 359–365.
Tomkins, S. S.: *Affect, imagery, consciousness* (Vol. 1). *The positive affects*. New York: Springer, 1962.
Tourangeau, R., & Ellsworth, P. C.: The role of facial response in the experience of emotion. *Journal of Personality and Social Psychology*, 1979, *37*, 1519–1531.
Traxel, W.: Die Bestimmung einer Unterschiedsschwelle für Gefühle. *Psychologische Forschung*, 1959, *25*, 433–454.
Traxel, W.: Die Möglichkeit einer objektiven Messung der Stärke von Gefühlen. *Psychologische Forschung*, 1960, *26*, 75–90.
Traxel, W.: Über Dimensionen und Dynamik der Motivierung. *Zeitschrift für Experimentelle und Angewandte Psychologie*, 1961, *8*, 418–428.

Traxel, W.: Grundzüge eines Systems der Motivierungen. *Archiv für die Gesamte Psychologie*, 1962, *114*, 143–172.

Traxel, W., & Heide, H. J.: Dimensionen der Gefühle: Das Problem der Klassifikation der Gefühle und die Möglickeit seiner empirischen Lösung. *Psychologische Forschung*, 1961, *26*, 179–204.

Ullrich, R., & Ullrich, R.: *Das Emotionalitätsinventar als Befindlichkeitsmaß.* München: Pfeiffer, 1977.

Valins, S.: Cognitive effects of false heart-rate feedback. *Journal of Personality and Social Psychology*, 1966, *4*, 400–408.

Valins, S.: Persistent effects of information about internal reactions: Ineffectiveness of debriefing. In H. London & R. E. Nisbett (Eds.), *Thought and feeling: Cognitive alteration of feeling states.* Chicago: Aldine, 1974.

Valins, S., & Ray, A. A.: Effects of cognitive desensitization on avoidance behavior. *Journal of Personality and Social Psychology*, 1967, *7*, 345–350.

Vetter, H. J.: *Language behavior and communication: An introduction.* Itasca, Ill.: Peacook, 1969.

Watson, J. B.: *Behaviorismus.* Köln: Kiepenheuer & Witsch, 1968 (amerik. Orig. 1930).

Wehrle-Eggers: *Deutscher Wortschatz: Ein Wegweiser zum treffenden Ausdruck.* Stuttgart: Klett, 1961 (12. Aufl.).

Wenger, M. A.: Emotion as visceral action: An extension of Lange's theory. In M. L. Reymert (Ed.), *Feelings and emotions.* New York: McGraw Hill, 1950.

Wenger, M. A., & Cullen, T. D.: Studies of autonomic ballance in children and adults. In N. S. Greenfield & R. A. Sternbach (Eds.), *Handbook of psychophysiology.* New York: Holt, Rinehart and Winston, 1972.

Wenger, M. A., Jones, F. N., & Jones, M. H.: Emotional behavior. In D. K. Candland (Ed.), *Emotion: Bodily change.* Princeton, N. J.: Van Nostrand, 1962.

Woodworth, R. S., & Schlosberg, H.: *Experimental Psychology.* New York: Holt, 1954.

Wundt, W.: *Grundzüge der physiologischen Psychologie* (Bd. 2). Leipzig: Engelmann, 1910 (6. Aufl.).

Yoshida, M., Kinase, R., Kurokawa, J., & Yashiro, S.: Multidimensional scaling of emotion. *Japanese Psychological Research*, 1970, *12*, 45–61.

Younger, J. C., & Doob, A. N.: Attribution and aggression: The misattribution of anger. *Journal of Research in Personality*, 1978, *12*, 164–171.

Personenregister

129

Sachregister

Abneigung 42, 67
Abscheu 80 f
Adrenalin 20 f, 55 f, 65 f, 97–102
Affekt (s. a. Emotion) 15 f, 30 f
Aggression 44, 93, 106, 112
Aggressionslust 42
Aggressive Stimmung 45
Aggressivität 30
Aktivierung (s. a. Erregung) 38–41, 43, 52, 77, 82, 84 f, 94
Aktivierungstheorie 57, 82
Allgemeine Desaktivität 44
Allgemeines Wohlbehagen 44
Anerkennung 80 f
angenehm – unangenehm (s. Lust – Unlust)
Angst (Furcht) 15, 20, 24, 30, 42, 44, 50, 70–72, 90, 100–109, 113
    Gesichtsausdruck der – 22, 85–88, 91 f, 94, 113
    Körpersymptome bei – 67 f
    physiologische Reaktion bei – 60 f, 64 ff, 70 ff
    Publikums– 61
    –verhalten 80 f, 92 f
    – vor Tiefe 71 f
Ängstliches Befinden 45
Ängstlichkeit 30
Anpassungsmechanismen, biologische 70
Ärger(s) 44, 90, 99, 101–104, 107
    Gesichtsausdruck des – 85–88, 91 f, 94, 112
    physiologische Reaktion bei – 64 ff
    –verhalten 80 f
Atemfrequenz 58, 61, 65 f
Atmung 64, 66, 68
Attribution 16, 99
Aufmerksamkeit 72
Augenblickfrequenz 66
Ausdrucksverhalten (s. a. Gesichtsausdruck, Verhalten) 11, 20–24, 31, 113 f
    –, biologische Nützlichkeit 23
    – von Tieren 23, 91
Ausgeglichene Stimmung 45
autonomes Nervensystem 21, 25, 54–57, 69, 74 f, 77, 103

Begeisterung 42
Behaviorismus 24
Besorgtheit (s. a. Traurigkeit) 86, 94

Bewertungsprozesse (s. a. Kognition, Reizverarbeitung) 12
Biofeedback 75
biologische Bereitschaft (Grenzen des Lernens) 74–76, 94
Blutdruck 60, 64–66, 101

Clusteranalyse 41 ff

Depressive Stimmung 45
Depressivität 30
Differential Emotions Scale (DES) 44
Dimensionsanalyse (s. a. Faktorenanalyse) 38–40, 43, 83
»display rules« 94

Eifersucht 30
Eigenschaftswörterliste (EWL) 44 f
Einsamkeit 50
Ekel 44, 50
    –, Gesichtsausdruck 85–88, 90, 94
    –, Verhalten 80 f
elektrodermale Reaktion 61, 71
Elektroenzephalogramm (EEG) 60
Elektromyogramm (EMG) 88
emotionale Befindlichkeit (s. Gefühlszustand)
Emotionale Gereiztheit 44
emotional(e) Reaktionen (s. a. Emotionen)
    angeborene – 24
    Auslöser von – 12, 24, 93
    kausale Beziehungen zwischen – 96
    Kovariation von – 26 f
    –, Meßbarkeit auf drei Ebenen 26
emotionale Reize 29, 54, 62, 97
    vorgestellte – 57, 59 f
Emotionalitätsinventar (EMI) 45
Emotionen (s. a. Emotionswörter, Gefühlszustand)
    –, Abgrenzung 25 f, 30 f
    – als fiktive Ursache 31
    – als Reaktionstrias 26–28
    biochemische Veränderungen bei – 54
    Definition von – 14, 24–31
    Dimensionen der – 16 f, 37 ff
    Grund– 15, 33, 43 f, 80
    Intensität der – 97, 99, 107, 109 f, 115
    Klassifikation der – 16, 63, 41 ff

132

K. Schneider / H.-D. Schmalt
Motivation
1981. 256 Seiten. Kart. DM 44,–
ISBN 3-17-004898-8
Basisbuch

Die Autoren stellen insbesondere die Motivationssysteme Hunger und Durst, Neugier, Sexualität, Aggression und Altruismus, Leistung, Anschluß und Macht vor. Neuere biologisch- und kognitiv-orientierte Ansätze stehen dabei im Vordergrund.
Zudem werden die wichtigsten Erklärungskonzepte der Motivationsforschung und ihre methodischen Ansätze im wissenschafts-geschichtlichen Zusammenhang des Faches analysiert.

M. Amelang / D. Bartussek
Differentielle Psychologie und Persönlichkeitsforschung
1981. 568 Seiten. Kart. DM 98,–
ISBN 3-17-004939-9
Basisbuch

Die Differentielle Psychologie und die Persönlichkeitsforschung beschäftigen sich mit den Unterschieden zwischen Menschen hinsichtlich ihres Erlebens und Verhaltens:

Wie lassen sich solche Unterschiede beschreiben und erfassen, wodurch werden sie bedingt und wie wirken sie sich aus? Das sind die Hauptfragen, denen in diesem Buch nachgegangen wird. Ziel der Darstellung ist es, in die vielfältigen Ansätze und Konzepte der Differentiellen Psychologie und Persönlichkeitsforschung einzuführen sowie Methoden, Ergebnisse und Probleme der empirischen Forschung in diesem Gebiet aufzuzeigen. Dabei stehen im Leistungsbereich Fragen der Intelligenz und Kreativität im Vordergrund. Im Persönlichkeitsbereich werden typologische und faktorenanalytische Ansätze sowie tiefenpsychologisch begründete Konzepte dargestellt.

wk Verlag W. Kohlhammer
Stuttgart·Berlin·Köln·Mainz